ハーバードのリーダーシップ講義

「自分の殻」を打ち破る

what you really need to lead
the power of thinking and acting like an owner

ロバート・スティーヴン・カプラン
robert steven kaplan

福井久美子 訳

CCCメディアハウス

息子マイケルに

WHAT YOU REALLY NEED TO LEAD:
The Power of Thinking and Acting Like an Owner
by Robert Steven Kaplan

Published by arrangement with Harvard Business Review Press
through Tuttle-Mori Agency, Inc., Tokyo

誰でもリーダーになれる

リーダーシップ。これは社会のなかでもっとも重要でよく議論されるテーマの一つです。歴史に残る偉大な人物や影響力のある思想家たちは、リーダーシップについて次のような見解を述べています。

●素晴らしい成果があがって称賛の場になったときは、相手を立てて、自分は後ろに身を引いていることだ。だが、危険が迫っているときは、自分が最前線に立つ。そうすれば人々はあなたのリーダーシップを評価してくれるだろう。

——ネルソン・マンデラ

●真のリーダーは、意見の一致点を探すのではなく、意見の一致点を作り出す。

——キング牧師

●リーダーとは道筋を知り、その道筋を進んで、そしてその道筋を示す人である。

——ジョン・C・マクスウェル

●最高のリーダーとは、自分の存在を人々にほとんど気づかせず、リーダーが仕事をやり遂げて目的を達成すると、「みんなでやり遂げたのだ」と人々に言わせる人だ。
——老子

●マネジメントとは物事を正しく行うことであり、リーダーシップは正しいことをすることである。
——ピーター・ドラッカー

あなたのリーダーシップの定義は何ですか？

以下の状況に陥ったとき、あなたはどうしますか？　あなたのリーダーシップの定義はあなたの決断にどう影響しますか？

●**個人、チームまたは会社全体をうまく管理できないとき**
●**コミュニティで問題を見つけ、自分から一歩踏み出して何とかしようか迷ったとき**
●**同僚が込み入ったタスクで苦労しているのを見て、手伝おうか迷ったとき**
●**床にゴミが落ちているのを見て、かがんでそれを拾おうか迷ったとき**

「リーダーであること」は、あなたにとって何を意味しますか?

リーダーシップは、生活のあらゆる面に関わっています。コミュニティ、学校、企業、政府や行政機関ではリーダーシップが欠かせないとよく言われています。物事がうまくいかないと「リーダーがいない」と嘆き、組織が迷走すると「もっと強いリーダーがいればし」と願います。そして物事が順調だと、業績が良いのは優れたリーダーシップのおかげだと短絡的に結論づけます。

あらゆる場面でリーダーシップが語られ、リーダーシップの根本を突きとめようと学術的な研究が数多くなされ、企業や大学がリーダーの育成に尽力しています。となるとリーダーシップの本質はすでに解明され、認識が共有されていると思っている人もいるでしょう。ところが、私にはそうは思えないのです。

リーダーシップは素質の問題?

近年私は、人と会うたびにハーバード・ビジネススクールの教授だと自己紹介します。相手は大抵お世辞を言い、興味をそそられるのかもっと知りたがります。そして「専門は何ですか」と訊いてきます。私が胸を張って「リーダーシップです」と答えると、相手はぽかんとした表情を浮かべるか、疑わしげに顔をしかめてこう言うのです。「リーダーシップを教えるのは無理でしょう」「学んで身につくものではないと思いますがね」彼らは、リーダーシップを素質の問題だと考えているのです。「リーダーシップは学べますよ」と私は応じています。「リーダーシップのスキルは習得できるし、習得しなければならない場合がほとんどだと思いますよ」

私がよく話す人――ほとんどはCEO（最高経営責任者）か野心的な管理職ですが――は往々にして私の主張に懐疑的で、こう主張します。「リーダーシップとは生まれながらの資質、人間の特性の問題ですよ。リーダーの素質があるかないかで決まるんです」彼らは世の中には二種類の人間がいる、リーダーにふさわしい素質を持ったエリートグループと、素質をもたないグループのいずれかだと考えているのです。結局のところ彼らは、リーダーシップを教えるなんて無駄なことだとみなしているのです。

こうした反応を見るたびに、私は腹を立てていらついたものです。リーダーシップの能力は伸ばすことも習得することもできる――それをなぜ人々にわかってもらえないのか、と。私自身の管理職時代を含めて、そのようなケースを何度も目にしてきました。

リーダーシップは習得できる？

この数十年間学者や専門家は、リーダーシップを学びたい人々のために、リーダーシップに関する研究を幅広く行ってきました。リーダーシップの重要な要素は何かを説明し、リーダーはどんな問題に直面するかを調べ、さらにはリーダーとしての能力を伸ばすためにこうしなさいと提案するものもあります（巻末資料にリーダーシップの関連書のリストを掲載しました）。おまけにこの五〇年間でリーダーシップの能力を育てて伸ばすプログラムが次々とでき、何万人もの学生が一流大学のクラスに登録したり、企業が主催するリーダー養成プログラムに参加したりしています。

リーダーシップに関する優れた研究、研修、アドバイスがこれほど豊富にありながらも、リーダーシップは習得できないと思い込む人がまだ大勢います。「生まれながらのリーダー」とか「天賦のリーダー」などという言葉もしばしば耳にします。まるでリーダーシップのスキルは、生まれながらの個性——カリスマ性や外向性など——で決まると言わんばかり。私が知る限り、素質があっても優れたリーダーになるとは限りませんし、ある資質が欠けているから優れたリーダーになれない、というわけでもありません。

何年もの間私は、リーダーについてよりいっそう理解してもらうため、リーダーシップとは何かをわかりやすく説明しようと努めてきました。授業で取り上げ、研究者が書いた本や論文を読み、さまざまなビジネスプロジェクトに参加し、ときには自らプロジェクトを率いるなどして、企業や非営利組織のリーダーたちの統率力の向上をサポートしてきました。その間、私は二冊の本（『ハーバードの自分を知る技術』『ハーバードの〝正しい疑問〟を持つ技術』小社刊）を執筆しました。リーダーとしての能力を向上させるための本と、自分をもっと知るための本です。私の目標は、実践しやすくて役に立つ手引きを提供することであり、人々がもっとスムーズにキャリアを築き、組織を運営し、それぞれの能力を開花させられるようサポートすることでもありました。

　しかし、企業幹部や野心的なリーダーたちと働くうちに、私は大勢の人々が「リーダーシップは習得できるのか？」さらには「自分はリーダーの器か？」と疑問を抱く理由がわかるようになりました。つまり、「リーダーシップ」の意味が人によって違うのです。意識する・しないに関係なく、人々はリーダーシップの定義やリーダーの役割について異なる考えを持っているのです。

　何がきっかけだったにせよ、個々人の頭のなかで形作られた概念はそれぞれの行動に大きく影響します。固定した考え方《マインドセット》やリーダーシップに関する思い込みのせいで、能力があるのになかなか伸びない人を私は大勢見てきました——そのなかには私の前書を読んだ人もいました。

あなたにとってリーダーシップとは？

私たちの社会では、リーダーシップの概念は独特な形で作られます。たとえば、多くの人は、テレビや映画などの大衆文化に登場する現実離れしたヒーローからリーダーのイメージを膨らませます。代表的なのがジョン・ウェイン。多くの映画で勇敢な消防士、米陸軍特殊部隊《グリーンベレー》長、騎兵などを演じ、タフガイの象徴的な存在となりました。マイク・カービー大佐（ウェインが映画『グリーンベレー』で演じたキャラクター）はリーダーシップを学ぶ必要はありませんでした。カービー大佐はカリスマ的な人物で、並外れた直感力のおかげで最善の判断を下せるのです――そしてそれを私たちは暗黙のうちに受け入れます。どの映画を見ても、ヒーローがリーダーシップを習得する過程は描かれません。ヒーローは生まれながらにしてチャンスをものにする嗅覚が鋭く、大衆の心理を理解し、人を動かすのがうまいのだと思うしかありません。

多くの人は、過去または現代の有名人を基にしてリーダーのイメージを描きます。たとえばフランクリン・ルーズベルト、ロナルド・レーガン、アンゲラ・メルケル、ウィンストン・チャーチルなどの政治家。あるいはサム・ウォルトン（訳注：ウォルマートの創業者）、エスティー・ローダー、スティーブ・ジョブズなどのビジネスリーダー。あるいは、チームを優勝へと導いたスポーツ指導者。彼らの偉大な業績は、一つの型に当てはめられて語りぐさとなります――実に話術が巧みだった、業界を変える革新児だった、プレッシャーに屈せず危機をものともしなかった、など。私たちのなかの彼らのイメージは、彼らが偉大なことを成し遂げた瞬間で止まっているのです。

娯楽文化のなかのヒーローや歴史的な人物だけではありません。身近な知り合いからもリーダーのイメージは形作られます。先生、家族、上司、地域で有名なリーダーなど。それぞれまったく異なるスタイルを持っているでしょう。カリスマ性があって自信に満ちた個性的な人かもしれません。強烈な存在感で人を動かしてしまうような、特別な能力を持った人かもしれません。運動や音楽の才能と同じように、彼らの個性も生まれながらの能力の上に築かれているように見えます。彼らを見ていると、世の中には才能のある人とそうでない人のいずれかしかいないのでは、と思えてきます。

人々から賞賛されるリーダーが結果を出すと、主要な雑誌の表紙を飾ったり、ウェブ上で大々的に報じられたりします。しかし彼らの状況が反転すると――ピークがあっという間に終わる人もいます――、人々は手のひらを返したように激しいバッシングを浴びせます。彼らをリーダーのお手本として賞賛していた人たちは、リーダーシップとは何かを考え直さざるを得なくなります。

リーダーシップの定義

私は数年前から、経営幹部たちに「リーダーシップとは何か？」を考え、その定義を書いてもらうことにしました。彼らの答えから多くのことがわかりました。実にさまざまな定義があったのです。「人々を鼓舞して、共通の目標に向かって人々を動かしたり、戦略的な目的を次々と達成したりする人」と答える人もいれば、「先の動向を巧みに察知し、先頭に立って新たなトレンドやムーブメント――大義、新しい考え方、新しいソリューション――を作り出し、人々を感化して味方につける人」と答える人もいます。そして、リーダーに欠かせない能力として、知的好奇心、ビジョン、ポジティブなエネルギー、カリスマ性、コミュニケーションスキルが挙げられていました。

「先頭に立って人々を統率するのは時代遅れの考えだ。今日のリーダーシップは、人々を鼓舞し、人のために尽くすことだ」と主張する人もいます。彼らは、人々が斬新な発想をして行動できる環境を整えるのがリーダーの仕事だと考えているのです。

どの定義ももっともだと思うものの、私には何かが欠けている気がしてなりません。

また、リーダーシップについてまったく異なる考え方を持つ、「現実的」で「抜け目のない」エグゼクティブもいます。情や素質は無関係だと考える人たちです。彼らは、学者によるリーダーシップの研究は興味深いものの、結局のところたいして重要ではないと考えています。彼らはこんな風に分析を行うのです——「一つだけ教えてほしい。そのリーダーが経営する会社は儲かっているのかね？　だとしたら、経営者は優秀なリーダーに違いない。そうでないなら、良いリーダーとは言えないだろう。それがリーダーシップというものだ。結果がすべてだ！」

　彼らの定義だと、リーダーや統率力の評価は会社や業界の運次第となります。彼らの考え方によれば、「リーダーは売り上げや利益だけを気にしていれば良い」ということになります。情や素質などのソフト面も大事ですが、数字などのハード面ほど重要ではないというわけです。

　業績だけで判断するような狭量な人がいるのかと驚く人もいるでしょう。わざと極端な例を挙げているのではないかと思う人もいるでしょう。しかし実際には、たとえ意識していなくとも、私たちはまさにこの尺度——つまり結果——でリーダーを評価します。物事が順調なときは、リーダーは非常に頭が良くて優秀に見えるものです。「選挙で再選された？——あなたは凄腕の政治家なんですね」、「チームが優勝した？——優秀なコーチなんですね」、「軍事的任務を遂行した？——あなたは強力な司令官に違いない」、「今年の売り上げは順調だった？——腕の立つ経営幹部なんですね」

　しかし、結果重視の考え方には問題があります。本人がコントロールできない要素に大きく左右されることです。つまり、勢いのある成長産業で事業を行い、好景気とちょっとした幸運に恵まれれば有利だということです。このような外部要因に恵まれると、リーダーは自分のコントロールがきく社内の慣行や業務に目を向けて、より強固な企業を築くのを怠るようになります。ビジネスの歴史には、卓越したリーダーだと賞賛されながらも、会社が赤字に陥るか傾くかした途端に、無能呼ばわりされてみじめに捨てられた例が山のようにあります。

優秀なリーダーが、数年またはほんの数ヶ月で無能呼ばわりされるとは、どういうことなのでしょうか? リーダーシップは、それほどはかなくてもろいものなのでしょうか? だとしたら実に恐ろしい話ではありませんか。成功する確率が低いそんなリーダーの地位を、人々はなぜあえて目指すのでしょうか?

リーダーシップの共通認識を求めて

こうして数年ほど模索した後、私はようやく苦い現実を悟りました。つまりリーダーシップに関する共通認識はない、ということです。しかし、そんなことがあり得るでしょうか? リーダーシップを考察、研究する一大分野があって(私もその一員です)、リーダーシップの本質を解明すべく優れた研究が総合的に行われているというのに。

学者やリーダーたちが書いたリーダーシップ関連の本のなかでも、影響力の強い代表的なものを本書の巻末資料に、まとめました。企業はリーダーの育成に力を注いでおり、リーダーを育成するための研修や教育やキャリア開発プログラムを充実させています。

私自身も管理職だった頃に、学者や経営者が書いた本を読んで、大いに学んだものです。にもかかわらず、リーダーシップというテーマは混沌としているように思えます。

それがどうしたって？ これは問題だと私は思います。というのも、リーダーの仕事があいまいでは、あなたがリーダーになったときに何をすべきかがわからなくなるからです。

問題点

最終的に私は、リーダーシップについての矛盾に満ちた解釈を検証して結論づけるよりも、リーダーシップのベストプラクティスを教えるほうがいいと思うようになりました。個人がもつリーダーシップのイメージは重要です。本を読んでリーダーシップの意味を解釈するとき、リーダー研修を受けるとき、実践経験を積むとき、そのイメージは強く影響するからです。相反する考えがいくつも存在すると、弊害が生じることがあります。そのせいで、リーダーシップの共通認識が築けなくなるからです。

共通認識がないことは、誰にとってもやっかいな問題です。「世界をリードできる敏腕リーダーが足りない」という声をあちこちで聞きます。社会で起きる問題の多くは、リーダーシップ次第で防げたものばかりです。誰もが有能なリーダーを求めているのです。CEOたちはよく「会社にもっとも欠けているのはリーダーシップだ」と不平をこぼします。しかし、正確には一体何が欠けているのでしょうか？　その中味については正確に答えられなかったり、意志一致がみられません。それでも何かが欠けているという点では一致しています。

リーダーシップの明確な定義について同意が得られていないなかで、誰を雇い、誰を昇進させるかをどう決めればいいのでしょうか？　どうやってリーダーを見分ければいいのでしょうか。たとえば、選挙の立候補者が有能なリーダーかどうかをどう見分けるのでしょうか？　もっと重要なことがあります。自分がリーダーの地位に就いたら、何をすればいいのか？　その答えを求めて、たいていは自分のなかの「リーダーはかくあるべし」といった先入観に頼ったり、かつての上司のやり方や、今の上司の行動を分析したりします。社内外からアドバイスを求めることもあります。しかし、リーダーのあるべき姿は人それぞれ異なるため、アドバイスを聞くとかえって混乱することもあります。

その結果、私たちは戸惑ってその場しのぎの行動を取るようになります。上司は私にどうしてほしいのか？　迷ったあげくに社内の慣行に従ったり、過去にうまくいった方法を踏襲したり、同じ状況に陥ったときの他の人の行動をまねてみたり。今までに見たことがない状況に直面したら、直感に従って行動する人もいます。これは必ずしも悪いやり方ではありませんが、「この状況ではこうする」などとメンバーの行動が定められているチームや会社の場合は別です。メンバーの足並みが乱れ、現場が混乱しかねないからです。

個人にも今の仕事にも日常生活にも応用できるようなリーダーシップについての共通認識があれば、役立つと思いませんか？　個人や組織がもっとリーダーシップを発揮しやすくなるよう、最良のアドバイスとベストプラクティスを一括りにする枠組みはないのでしょうか？

リーダーシップに関する確固とした共通認識があれば、業界にも会社にも自分の個性にも合った行動が取れるようになるはずです。

リーダーシップの基本は経営者マインド

この数年間、私は「リーダーシップ」を解明して定義しようと努力しました。私自身の経験はもとより、学者やリーダーたちが執筆した本や論文も参考に、リーダーシップをわかりやすい言葉で説明しようとしてきました。人々が自分らしく行動できるように、さらにはそれぞれの野望や組織の目標に合った行動が取れるようにするためです。

本書では、リーダーシップとは何かを模索するみなさんのために一つの枠組みを準備しました——「リーダーシップは経営者マインドからはじまる」という枠組みから議論を進めます。経営者マインドとは、意思決定者の立場でものを考え、自分の行動の結果に責任をもつように行動することです。あなたはそのような行動を取っていますか？　人々に価値を提供することに注力していますか？　あなたの行動が誰かに影響を与えたとき、その影響の善し悪しに関係なく責任を取りますか？　リーダーになるために責任を持って学び続けていますか？　自分を知ろうと努力していますか？　本書を読めば、リーダーシップと経営者という概念は密接に結びついていることに気づくでしょう。

経営者マインドを身につけ、リーダーになるために積極的に学び続けるようになればしめたものです。次は、他の人にも「経営者のように考え、行動しなさい」と励ませば、あなたのリーダーシップはさらに力強いものになります。本書では、あなたのリーダーとしての手腕を劇的に向上させるために、他の人を巻き込む方法をいくつか提案します。さらに、より良いリーダーになるにはどう行動すればいいかについてもお話しします。

「経営者マインド」という枠組みが、あなたが行動するときの拠り所となり、今日から使える指針や技術となることを、さらにはあなたもリーダーになれると確信させることを願ってやみません。「いつかリーダーになれれば」とか「リーダーシップは他の人に任せておこう」などと考えるのはやめましょう。私の目標は、経営者になったつもりで考えれば、今日明日にでも、あなたもリーダーになれると確信してもらうことなのです。

本書は以下の五章から成ります。

第1章　経営者マインドをもつ

リーダーになるとはどういうことでしょうか？　経営者マインドを身につけるとは？　第1章ではリーダーシップに欠かせない要素を追究すると共に、リーダーを目指すみなさんに自問してほしい問いをいくつか紹介します。知的な事柄に関する問いもあれば、感情にまつわる問いもあります。

問いの答えを模索するうちに、リーダーシップについてのあなたの既成概念が明確になり、それを考え直すきっかけになるかもしれません。これまでの経験から形作られたあなたの考えはやはり正しかったと確信する人もいるでしょう。自分の直感や考えをより行動に移しやすくなる人もいるでしょう。と同時に、思っていた以上にリーダーらしく振る舞っていたと気づく可能性もあります。あるいは、リーダーらしい行動が取れなかった思い出が、今もしこりとなっていることに気づくこともあるでしょう。

現実の世界では「やり直し」がきかないことがしばしばです。しかし、過去の経験から学び、他にどんな行動が取れたのかを考えることは、自分の行動パターンを正して未来へとつなげるうえで、非常に役立つはずです。

今のあなたには会社、家庭、コミュニティを大きく変える力がある――第1章を読んでそれを悟っていただきたいのです。リーダーシップは、大統領だの大将だのCEOだのといった「お偉方」だけのものではありません。リーダーになるのに辞令は要りません。リーダーシップとは心構え《マインドセット》と行動であり、今日から始められるのです。

第2章　自分の殻を破る

第1章を読んで、「なるほどね。ま、たいしたことじゃないな」と思った人は、第2章を読んで身が引き締まるかもしれません。リーダーであり続けることは並大抵なことではありません。リーダーの役割は進化していくため、その役割が担えるように能力をアップさせなければなりません。リーダーがしばしばしくじるのは、それを怠るからです。積極的に学び、孤立しないよう対策を講じ、ある程度の弱みを人にさらけ出す覚悟をする——リーダーとして能力を発揮し続けるには、これらが欠かせません。

多くの人は、自己主張して周囲に変化を生み出すほどの行動は取れません。ある時期はうまくいっても、変化が起きると、新しい状況に適応できない人もいます。第2章では、リーダーシップをとれず、最終的に迷走してしまう理由を考えると共に、これらの課題を克服する方法をいくつか検証します。とりわけ重要なのは、自分に自信をもって、人々に質問して彼らの意見に耳を傾けるようになることです。リーダーシップではしばしば能力、権力、リソース（人材その他）以外のことが必要になります。むしろ、心構え《マインドセット》、自分の置かれた状況と自分自身をきちんと理解する能力のほうが重要となる場合が多いのです。

おもしろいことに、周囲の人々には、リーダーや状況が見えて解決策もはっきりとわかっているのに、リーダー本人は気づいておらず過ちを犯してしまうのです。第2章では、リーダーはどんな過ちを犯しやすいか、リーダーは自分の盲点にどう対処すべきか、状況の変化を敏感に察知するにはどうすべきか、過ちを減らすためにはどうすればいいかを考えます。

第3章　リーダーとしてのスキルを伸ばす

第3章では、リーダーシップスキルを伸ばすためのいくつかのプロセスを紹介します。あなたがリーダーシップを身につけ、リーダーであり続けられるように、本書では学んでほしいプロセスと習慣を詳しくご説明します。一番目のプロセスは知的なプロセスです。つまり、明確なビジョンを描き、それを実現するための優先事項を決め、方向性を定めます。二番目のプロセスはもっとあいまいで複雑です。それは、自分を知るというプロセスです。

たとえ意識していなくても、あなたは日々この二つのプロセスを、怠ることがあるにせよ、行っています。二番目のプロセスをマスターするには、努力と絶え間のない注意力が必要です。リーダーシップとは地位ではありませんし、たどり着けば安堵できる最終目的地でもありません。それどころか、努力と集中力と注意力が常に求められる旅です。二つのプロセスは体力作りやダイエットによく似ています。努力を怠れば、リーダーらしい行動が取れなくなるでしょう。

第3章では、ビジョン、優先事項、方向性を定めるプロセスと共に、自分を知るための努力が求められます。これらの活動は簡単なこともあれば、そうでないこともあります。おまけにこれらのプロセスは同時進行で行うため、難しいと感じるかもしれません。一方のプロセスを怠ると、もう一方のプロセスをやり遂げるのも難しくなります。第3章ではさらに、リーダーシップを伸ばし続けるための重要な問い群も紹介します。

第4章　真の人間関係を築く

リーダーシップは団体競技です。つまり、あなたの成功はチームの協力と行動力にかかっています。自分の力だけでは、リーダーになることも、リーダーシップを伸ばすことも難しい。人との関係を築き、人々と協力して働く技術を磨かなければ、本書で紹介するプロセスをマスターするのは難しくなるでしょう。互いに理解し合い、信頼し合い、尊敬し合える人はいますか？　誰かに自分のプライベートを包み隠さず話せますか？　あなたが聞きたがらないことでも、あえて忠告してくれる友人や同僚はいますか？

第4章では、リーダーとして成長するうえでの人間関係の重要性についてお話しします。

さらに、強固な関係を築くための一連のプロセスと、人間関係構築力を向上させるための技術も紹介します。このスキルをマスターできれば、本書のなかの他のどの課題もやり遂げやすくなるでしょう。

第5章　終わりなき旅をする

本書のステップを実践すれば充実した人生を歩めそうだと思ったら、さて、どうしますか？　これからスタートするにあたって、どの方法やテクニックを活用しますか？　その方法をどう試しますか？　何から取りかかりますか？

第5章の目的は、リーダーへの道を進むあなたの背中を押すことです。あなたが今いる場所から旅を始められるよう、サポートします。まず、あなたが本当にやりたいことは何かを模索しましょう。あなたの人生に充実感を与えてくれるものは何か？　どんなスキルを持っていて、何がやりたいのか？　あなたにとっての成功とは何か？　自分の夢を追いかけていますか？　誰かに押しつけられた夢を追っていませんか？　自分の能力を開花させるためにどうしたいですか？

世の中は難しい問題とチャンスであふれています。第5章では、あなたがこれからの行動を練りやすいよう、いくつかのアイデアを紹介すると共に、あなたの能力を最大限に生かすためにいろいろな選択肢を紹介します。内発的動機と外発的動機の違いと、それらをうまく活用する方法もご説明します。本章を参考にして、リーダーとしてできるスキルの幅を広げてください。

さあ、始めよう

私がこの本を書いたのは、あなたもリーダーになれると確信していただくためです。また、リーダーになるための習慣を身につけ、リーダーシップスキルを伸ばし続けていただくためでもあります。とりわけ重要なのは、経営者マインドを身につけることと、積極的に学び続けることです。また、あなたが広い視野で世の中を見渡し、世の中に貢献する際の自分の役割を見出すうえで有益な、さまざまな問題を取り上げたうえで、具体的にどんな行動を取れるかも提案します。この本の真の目的は、自分もリーダーになれるかもしれないと感じていただくことです――それも今日からリーダーになることも可能なのです。

繰り返しますが、リーダーになるのに辞令は要りません。「大物」だけの特権でもありません。お金、権力、肩書きで何とかなるものでもありません――もっとも、これらはあなたがリーダーを目指すうえでの動機にはなり得ますが。リーダーシップとは、あなたが「いつか」やることではありません。ある年齢に達するまで、もっとスキルを身につけるまで、あるいはもっと権力を握るまで、待つものではないのです。

リーダーシップとは、あなたの今ある能力を使って何ができるか、そして今後の人生において何ができるかを考えることです。それにはいろんなことを学び、そして行動を柔軟に変えていく必要があります。リーダーシップとは役職でも最終目標でもありません。磨き続けなければならない技術なのです。

世の中が今後どう進歩するかは、あなたがその活動にどう関わるかにかかっています。進歩するには、今わかっている問題の解決に取り組むと共に、現時点で想像もつかない問題にも対処できるだけの力を身につけなければなりません。いずれの場合でも、世の中の問題を解決するのは次世代の「誰か」ではありません。すべては、あなたが——そしてあなたのような人々が——何をするかにかかっているのです。さあ、あなたは何をしますか？

世の中はあなたのリーダーシップを必要としているのです。

やってみよう

●あなたにとってリーダーシップとは何ですか？　定義を書いてください。リーダーシップに欠かせない要素は何だと思いますか？

●あなたのリーダー像は何から形成されたと思っていますか？　たとえば、あなたの模範的なリーダーのイメージは、テレビや本に登場するキャラクター、両親、前の上司、先生、著名人などと重なりますか？　「リーダーシップの定義は？」と訊かれて何を思い浮かべますか？　（たとえば、外向的な性格でなければならない、カリスマ性が必要だ、やはり肩書きがなければ、など）

●あなたがリーダーになるうえで、このリーダーの定義はプラスになりますか？　それともマイナスとなって足を引っ張りますか？　その思い込みのせいで、尻込みすることはありませんか？

●学び続けるために、そしてリーダーとしての手腕を磨くために、自分をどう鍛えたいと思いますか？

目次

「自分の殻」を打ち破る

ハーバードの

リーダーシップ講義

第2章

自分の殻を破る
——意欲的に学び、〝正しい疑問〟をもち、アドバイスを求め、孤立を避ける 71

第3章

リーダーとしてのスキルを伸ばす
——二つのプロセスをマスターする 103

第４章

真の人間関係を築く

——自分をさらけ出し、グループの力を活用する　143

第5章 終わりなき旅をする——もう一段階上のリーダーをめざして 179

第1章

経営者マインドをもつ

経営者になったつもりで考え、行動する

あなたの信念は何ですか?

自分の信念に従って行動できますか?

価値創造に注力していますか?

経営者マインドを
実践しやすい環境を築いていますか?

リーダーシップは行動がすべてです。地位も立場も関係ありません。あなたの性格や人生経験が、リーダーとしての可能性に影響することは確かです。しかしその能力を開花させられるかどうかは、あなたの行動にかかっています。

行動は、良い結果をもたらすこともあれば、悪い結果をもたらすこともあります。確かに外的な要因が、結果――お金を儲ける、売り上げ記録を更新する、選挙で勝つ、契約を獲得するなど――に影響することはあります。しかしこうした成果は、長年の模範的な行動が実を結んだ結果である場合も多いのです。成果があがったからといってリーダーシップが優れているとは限りません。しかし、優れたリーダーシップは良い成果につながることが多いのです。

長年にわたってリーダーシップが優れていると、たいていは好成績を維持します。他方で、好成績のせいでお粗末なリーダーシップが見過ごされることがあります。その実態は数年は隠し通せるかもしれませんが、露呈する頃には、手の施しようがないほど深刻な状況になっている場合もあります。

経営者マインドとは

仮に好成績を長年維持することを可能にするのは優れたリーダーシップだとしたら、そのリーダーシップに絶対不可欠な要素は何でしょうか？　優れたリーダーシップの取り方が何通りもあるなら、それらに共通の要素はあるのでしょうか？　私の経験から言うと、答えはイエスです。

優れたリーダーシップは正しい心構えから生まれます。つまり、意思決定者になったつもりで考え、意思決定者と同じように、すべての問題を考慮することです。

敏腕リーダーになるには、まずは経営者マインドを身につけることです。他方で、将来を有望視される人であっても、経営者マインドが欠けていると、リーダーとして大成できない場合があります。

経営者マインドには不可欠な要素が三つあります。それを質問形式にしてまとめました。

- **経営者になったつもりで、自分の信念は何かを見極められますか？**
- **その信念に従って行動していますか？**
- **顧客、クライアント、同僚、コミュニティなどに価値を提供していますか？　自分の行動が誰かに悪影響を与えたときは、その責任を取りますか？**

この三つの要素は、組織での地位につきものの責務ではありません。つまり肩書き、権力、富のためにやるものではありません。しかし、経営者の立場で行動する場合には、この三つの要素は役立ちます。これらに求められるのは行動力です。自分の信念、行動、そして他者に与えた影響に責任を取ることです。優れた組織には、これら三つの要素を常に念頭に置き、部下に「このように考えて行動しなさい」と奨励する管理職が大勢います。

本章では、経営者マインドの基本的な要素を説明した後、それが優れたリーダーシップにどうつながるかをお話しします。これらの概念は、あなた個人や人生にも応用できるはずです。

意思決定者になったつもりで考える

世の中はご意見番であふれています。テレビやラジオなどのマスコミ媒体では、コメンテーターが上から目線で政府や企業幹部のやり方に注文をつけ、苦言を呈しています。ディナーやカクテルパーティはもちろん、職場の給湯室でも、人々は他人の行動を批判したり、上司の欠点をあげつらったりします。軽口を叩いてもめったに問題にはなりませんし、何を話したかすら忘れてしまうこともしばしばです。噂話は楽しいですし、収穫が得られることもあります。重要な問題について真剣に考えて意見を述べるうちに、偉くなったような気分になることもあります。なかには、自説を主張することでリーダーのように振る舞っていると錯覚する人もいるでしょう。

私たちは、仕事上の問題に対して、会社や部署の立場から自分の意見を述べることがあります——要するに狭い視野からの意見です。あるいは、問題について十分に吟味せず、また利害関係者たちの関心事を考慮せずに意見を言うこともあります。上司なら重要な決断を下す前に考慮すべきことを見落としてしまうのは、詳しい情報を知らないから、または視野を広げることは職務の一部だと思っていないからかもしれません。

しかし、適切で的を射た意見を述べたとしても、リーダーシップを発揮したことにはなりません。リーダーシップには多くのことが求められるからです。その第一歩は、もっと視野を広げて、自分が為すべきことは何かを考えること——すなわち、経営者になったつもりで為すべきことを考えることです。

うまくいくと思ったのに……

ある日、消費財メーカーで部長を務めるジムから電話がかかってきました。ある問題について相談に乗ってほしいとのことでした。ジムは私のかつての教え子で、アドバイスを求めていました。ショッキングなことが起きて、自分の何が問題だったのかを知りたがっていたのです。

ジムは、会社の重要な新商品の発売プロジェクトに関わっていました。彼は、さまざまな部署が連携するプロジェクトチームに、重要なメンバーとして名を連ねていました。

チームリーダーとして指揮を取っていたのは、会社の主要部署の責任者でもある副社長でした。チームの仕事は、新商品のデザイン、パッケージ、マーケティング、販売戦略などを決めることでした。会社にとっては、将来を託した重要な商品でした。というのも、いくつかの主力商品がマーケットシェアを落としていて、経営幹部は収益の柱となる新しい事業を必要としていたからです。この新商品が主要顧客のニーズを満たしてくれるだろう、これで再び顧客の心をつかめるだろうと社内では期待されていました。

プロジェクトチームでは、銘々が新商品とその発売に関して一つの任務を割り当てられました。ジムに任されたのは店頭での販促戦略でした。ものすごく重要な任務というわけではないが、プロジェクトの重要性と集められたメンバーの豪華さから考えると、良いチャンスを与えられた――ジムはそう感じました。

数週間後、ジムはプロモーションに関する綿密な計画を立てました。雑貨店、薬局などの小売店での商品の展示方法や商品の置き方をまとめた計画書でした。さらに、一部の地域でテスト販売が行われる予定だったため、そこで使ってもらう販促グッズをも用意しました。

その間、プロジェクトチームは週に一回ミーティングを開き、一人ひとりが自分の仕事の進捗を報告していました。副社長は、メンバー全員に販売計画のあらゆる面を把握しておいてほしいと考えていました。銘々が他のメンバーの仕事に関心を持って話し合ってくれれば、より効果的な販売戦略を立てられると期待していたのです。

当初、ジムはこのプロジェクトの仕事に満足していました。「これなら絶対にうまくいくと思っていた」と私に語りました。自分の部下を集めてサブグループを作って入念な計画を立てました。仕事は順調にはかどり、彼は充実感を覚えていました。だからこそ突然状況が急変してショックを受けたのです。

プロジェクトもいよいよ最終段階に入ったときのことです。ジムはミーティングで最終案をプレゼンしました。すると突然、一部のメンバーがジムの案を痛烈に批判したのです。ジムの案は、チームが想定した商品のコンセプトとも価格帯とも合わず、消費者行動とも矛盾しているとみたのです。メンバーが特に気になったのは、衝動買いを煽るような彼の店頭販売戦略でした。チームは、顧客はこの商品を計画的に購入するだろうと考え、そのようなコンセプトと価格を想定していたからです。

ジムは凍りつきました。ミーティングの後、チームリーダーに呼ばれて「この新商品のことをどこまで理解しているのか?」と訊かれました。「ミーティングには毎回出席しました。話もちゃんと聴いていました」と答えたところ、「なら、どうしてきみの商品コンセプトはこんなに的外れなんだ?」と訊かれました。「ミーティングでみんなの話を聴いたうえで、この案ならみんなの要望に応えられると思ったんです。他の商品の発売プロジェクトの成功例も参考にして、効果的な戦略を立てたつもりです」とジムは食い下がりました。

チームリーダーはジムに詰め寄ると、具体的な質問を始めました。「この商品を買うのはどんな人だと思う?」「価格はいくらがいい?」「パッケージはどうしたらいい?」対してジムは、「そうしたことを具体的に考えたことはありません。それはぼくの仕事ではないからです。他のメンバーが考えるべきことですよね」

ジムの答えを聴いて、チームリーダーは激怒しました。そして最後に、リーダーはジムに厳しくアドバイスしました。「チームの一メンバーに過ぎないから、一部の責任しか負わなくていいという意識は捨てなさい。自分がチームリーダーだったら、これらの問いにどう答えるか考えるようにしなさい」

ジムはこの忠告がどうにも腑に落ちませんでした。ジムが私に電話をかけてきたのは、このエピソードを打ち明けて私の意見を聴き、さらにはチームリーダーの質問にどう答えたらいいかを相談したかったからです。私は率直に話しました。「ジム、きみのチームリーダーはすごくいいアドバイスをくれたんだよ。私も賛成だな。プロジェクトの責任者になったつもりで考えるんだ。上司か経営者になったつもりで真剣に考えなさい。きみの人生はその商品の発売全体にかかっていると想像してごらん。きみならどう売り出す?きみは優秀だ。経営者になったつもりで、能力を総動員してリーダーの質問に答えるんだ」

ジムはそんなふうに考えたことがありませんでした。現在の上司や前の上司から、そのようなアドバイスをもらったことがなかったからでもあります。

「それをやるとなると、時間をかけて考え分析しなければなりません。猛省する必要もありそうです。それは本当にぼくの仕事だと思いますか？　全部やらなくてはいけないいんですか？」

「もちろん。人の上に立ちたいのならね」

彼は真剣にやってみることにしました。チームのメンバーと話し合い、その幅広い知識と能力をフルに活用し、あらゆる角度から商品の位置づけを検証しました。さらには何軒かの小売店を独自に調査して、他社の競合製品がどう売られているかを調べました。これらをすべてやったジムは、製品をどう売り出せばいいかをイメージできるようになりました。そして自分がプレゼンで提案した案が、よく言えば浅はかで、悪く言えば見当違いもはなはだしいということを理解し始めたのです。

「お粗末な案を出してしまった」——やがてジムは自分がしたことを恥じるようになりました。リーダーになったつもりでプロジェクトに取り組んでいなかったのです。その結果、やっつけ仕事をして、社員たちの前で醜態をさらしたとひしひしと感じたのでした。ジムは勇気を振るって、チームリーダーとプロジェクトチーム全体に謝罪することにしました。

メンバーたちはジムの謝罪を快く受け入れてくれました。それどころか、自分の非を認め、仕事をやり直して新しい案を出してきた、ジムのたくましさに感銘を受けたほどでした。ジムが商品のコンセプトについて新しい案を発表すると、メンバーたちはすぐに賛成してくれました。ジムはチームに重要なメンバーとして再び迎え入れられたような気持ちになったそうです。

ジムはこの経験から貴重な教訓を学びました。「これからはリーダーのように行動してほしい。経営者の立場で考えるようにするんだ。きみには素晴らしい能力がある。仕事の幅を広げるんだよ。狭めてはいけない」社内でも有望株と目される副社長からそう言われたとき、ジムはこの道を確信したそうです。

これからは狭い視野でものを考えるのではなく、経営者になったつもりで仕事に取り組もうとジムは決意しました。そのおかげで、前よりも理路整然と考えられるようになり、仕事の効率も上がったそうです。彼は自分の思考と行動を評価するための、新しい判断基準を手に入れたのです。

確信に到達する

「経営者になったつもりで考える」――なんだ簡単じゃないかと思うかもしれません。

しかし、そう簡単ではありません。意思決定者の立場で物事を考えなければならないからです。トップになど立ちたくないと思うかもしれません。プレッシャーは尋常ではありませんし、多くのことを考慮しなければならず、利害関係者も多い。現代社会では物事が複雑に絡み合っていますし、状況は変わり続けます。おまけに考慮すべき問題は山のようにあるのです。「これは私の仕事じゃない！」などと視野が狭まってしまうのも無理はありません。

しかしリーダーを目指す人にとっては、それが仕事です。これを実践するとフラストレーションがたまる人、悩む人、過大なストレスを感じる人は、そうした感情に慣れる必要があります。練習を積むうちに精神的な負担は軽くなるでしょう。

仕事で能力を存分に発揮するには、経営者になったつもりで考えなければならない――これを信じて体得してください。つまり、これを確信に到達するまで考えるということです。「こうすべきだ」と強く信じるところから得られるものなのです。

リーダーは、今置かれている状況で何をすべきか確信を得ようと、日夜考えています。しかし現実には、確たる見解が得られない場合がほとんどです。彼らはある程度の確信が得られるまで、情報を集め、悩み、状況を分析し続けます。

他方で、リーダーのなかには早々と確信を得る人もいますが、その当初の確信に固執するあまりに、良い決断を下すために考慮すべき重要な事柄を見落とす人もいます。誰にでも盲点はありますし、考え方に偏りがある人や自分の先入観に気づかない人もいます。ですから時間をかけて情報を集め、他の意見も検討し、あれこれ考え、公平な判断を下すよう注意しなければなりません。

確信に到達するまでのプロセスは決して楽ではありません。状況も考慮すべき事柄も変化し続けます――競合他社が大胆な行動に出ることもあれば、製品がコモディティ化することもあります。さらに、同じ状況に直面していても、それぞれ人によって解決策も違ってくるでしょう。こうしたあらゆることを考慮するため、リーダーは分析を行い、他人からアドバイスや情報をもらい、あらゆる可能性について議論し、深く考察する必要があります。その過程は苦行のようにつらいでしょう。

この苦行を行う間、必ずしも解決策を得る必要はありません。つまり、答えがわからなくても構わないということです。とはいえリーダーは、重要な問題に対してある程度の確信を得るまで努力し続ける必要があります。ではどうすればいいのか？　適切な判断に到達するまで、チームと協力して取り組むのです。

練習するうちに自分への理解が深まり、「確信」というものが感覚的にわかってきます。経営者の「確信」の感覚を得られるようなやり方で仕事に取り組んでいけばいいのです。経営者のように考えるなんて無理だと言い訳を並べたてる人は、リーダーではありません。経営者が直面する課題を受け入れ、部下たちにも同じように考えろと促す人こそが、真のリーダーなのです。「意思決定者の立場で考えなさい」と常日頃から鼓舞してくれる上司がいると、部下にとっても励みになります。私のかつての上司はよく私にこう言いました。「優れたプロフェッショナルは自分の仕事の範囲を狭めない。数レベル上の者の立場でものを考えるのだ」

ハーバードを含めた多くのビジネス・スクールで、ケーススタディを使って教えるのはこのためではないでしょうか。ケーススタディは分析技術を磨くための演習ですが、私の目には確信に到達するための演習のように見えます。一つの事例に関する事実を調べ尽くし、授業の前に事実についてグループで議論を行い、授業でも再び議論することで、自分の信念が見えてきませんか？　自分が意思決定者だったらどうするかが見えてきませんか？

ケーススタディを通して、学生たちはリーダーが日々直面する問題をシミュレーションできるのです。意思決定者には現実が嵐のように襲いかかります。しかもそのほとんどは現在も進行中の現実で、矛盾に満ちていて全体像は見えません。リーダーは同僚たちの協力の下に状況を整理していきます。ケーススタディを通して、学生たちは意思決定者の立場で考えることを学び、その状況を想像し、その確信を知ろうとします。

職場ではこの心構えが非常に大事です。この心構えが身についている人は、あらゆるスキルを駆使して課題に取り組めます。特定のビジネス上の問題を解決するには、他に何を分析すべきか、他に何をすべきかが自ずと見えてくるでしょう。

リーダーは必ずしも確信に到達する必要はありませんが、確信を求めて努力する姿勢は身につけねばなりません。このプロセスに終わりはありません。一種の習慣のようなものにするのです。毎日のように想定外の問題に直面していると、確信を求める必要にかられるでしょう。私は何を信じているのか？　私が意思決定者だったらどうするか？――常に自分に問い続けてください。

さらなる高みを目指すリーダーは、言い訳したくなっても、その衝動に負けてはいけません。「私にはそんな権限はない」「それは私の仕事じゃない」「私がどう思おうが、会社は気にも留めないだろう」「時間がない」などと言い訳せず、意思決定者の立場で想像してみるのです。高い視野から見渡すことで、経営者が負う責任感の重さが感覚的にわかってきます。

経営者の立場で考える練習

演習を一つ紹介します。ＣＥＯが直面しているプレッシャーを考えてみてください。たとえば株主、従業員、顧客の利害はもちろん、一般大衆や規制機関の目にも気を配らねばなりません。競合他社からの攻勢や、革命的な商品にも対抗しなければなりません。重要な決断を下す前には倫理面や法的側面、経済状況も考慮しなければなりません。いろいろなことを考慮すると、すべての要素を同時に満たすことができないので利害のバランスを取らなければならず、ストレスが生じます。ＣＥＯになったつもりで想像してみてください。あなたなら、これらのさまざまな要素をどう秤にかけますか？　一部の関係者だけが喜ぶ決断や、一つの問題だけを解決する決断だと、他の利害関係者は不満に思うでしょう。それに気づいたとき、あなたはどう感じるでしょうか？

さまざまな状況下でこの分析をやってみてください。これをやったことで仕事に対する姿勢が変わりますか？　経営者の立場で考える練習を繰り返すと、視野が広くなりませんか？　洞察力や意思決定力、さらには仕事の成果も向上しませんか？

選挙活動中は「当選したらこれを実現します」と公約するものの、いざ当選すると公約を実現しない立候補者が大勢います。なぜだと思いますか？　私たちは「彼らは嘘をついていたのだ」とか「ああ言えば当選すると思ったのだろう」と推測します。しかし大抵の場合は、当選した途端――すなわち意思決定者になった途端――部外者だったときには軽んじていたことや気づかなかった重要事項を考慮しなければならなくなるからです。当選してはじめて彼らは、戦場に軍隊を派遣することの精神的な重圧、増税への反発の大きさ、ロビイストの影響力の大きさ、有権者の支持を得られないことのつらさに気づきます。

経営者の立場で考えることはそう簡単なことではありません。しかし、今日からこの練習を始めれば、徐々に身につき、やがては意識しなくても実践できるようになります。経営幹部の意見に共感して尊重するようになります。練習を積み重ねるうちに、この効果が現れてきてあなたの能力を遺憾なく発揮できるようになるでしょう。

確信を実行に移すには

ある問題について、こうしようとの確信を得たとします。さて、あなたはそれを行動に移せますか？

程度の差こそあれ、リーダーシップは結局は行動にかかっています。責任者の立場に立ったら自分ならばこうしようと考えることはできても、行動にまで至らない人は大勢います。

なぜでしょうか？　さまざまな理由があります。行動にはある程度のリスクが伴います。人の考え方は千差万別であり、特定の行動を取ると人は不快感に襲われる恐れがあります。

人々はなぜ行動するのをためらうのか？　行動に伴うリスクや不安を挙げていけば、何ページにもなります。自分の意見を言いたくない、ことを荒立てたくない、上司を怒らせたくないという人もいれば、失敗して笑われるのが怖い、上司から否定されて評価が下がるのが不安だという人もいます。人から嫌われるのを恐れる人もいます。行動しようと思うとそれがストレスになって夜眠れなくなる人もいます。

他にも、自分のスキルに自信がないとか、行動の結果を見通す自信がない人もいます。

確実な行動計画がないとか、人々を説得して計画を実行するのに必要な人脈とスキルが足りないと思い込んでいる人もいます。

あるいは、キャリア、家族、多額の借金の返済が負担になって、行動のリスクに臆病になって動けない人もいます。家を買ったばかりの人や、子どもが生まれたばかりの人もいれば、不況のせいでキャリアの先行きが不安な人もいるでしょう。まもなく昇進しそうなので、あえて危険を冒したくない人もいるでしょう。

イメージできましたか。行動できない理由などいくらでもあるのです。

しかし、リーダーシップとは結局のところ、行動する方法を見つけることです。野心的なリーダーは、これだと確信したら、恐怖心や不安を克服して勇気を出して意見を言う術、さらには行動に出る術を身につけます。生活をコントロールして、行動の妨げになるようなリスクを減らすことを学びます。たとえば過剰な負債を避け節約を心がけています。達成すべき目標より、達成する方法を突き止めることを学びます。人から異を唱えられても、それを個人攻撃と受け止めずに建設的に考えるよう、鈍感力を身につけます。建設的な議論をすることを学んでいる人もいれば、行動計画を立てる方法を学んでいる人もいます。

一口に行動計画と言っても、上司に意見を述べる方法を考えるといった簡単なものもあれば、全行程をゼロから数週間、数ヶ月先まで考えた複雑なものもあります。どんなリソース（人材その他）を集めるかを考えたり、どんなコミュニケーションや連携が必要かを吟味したり、段階を順序よく進むための工程表を作成したりすることもあります。行動計画を練るうちに、当初のアイデアに欠陥があることがわかり、原点に立ち返って計画を練り直すこともあります。そうするうちに、何をしなければならないか、どんな方法を採るべきかが見えてくることもあります。

しかし、どれも練習が必要です。練習を重ねるうちにだんだんうまくなります。従業員の行動力を後押しする社風があると、事は容易に進みます。たとえば、管理職が模範を示してから、「勇気を出して自分の意見を言いなさい。正しいと思ったら行動しなさい」と若手社員を励ませば、従業員は確信をもって行動するようになります。

もちろん、行動しても計画通りにいくとは限りません。私が会社員だった頃、うちのチームが下した決定が失敗に終わったことが何度もありました。結果が悪かったとわかると、毎回チームの誰かが私のところへ来てこれ見よがしに意見するのです。「やっぱりね。私はずっとあの決定に反対だったんですよ。どうせうまくいかないと思ってました」。私は毎回こう切り返しました。「だったらなぜきみは反対しなかったんだい？　きみは毎回ミーティングに出席して、すべての決定に賛成してたじゃないか！」

大抵の場合、彼らはこう言い訳します。「カプランさんがこれで決まりだと考えているようだったので」「言っても、みんな聞く耳を持たなかったでしょうし」「私ではチームを説得するのは難しいと思ったので」「チームのみんなに異を唱えるのは私の仕事ではありませんから」

世の中には頭のいい人が大勢います。なかには意思決定者の立場に立って、自分が責任者だったらこうするだろうと確信している人もいます。しかし私が知る限り、そこから一歩前進して建設的な行動に出るだけのスキルと不屈の精神を持った人は多くはありません。行動するのは面倒ですし、批判されるかもしれません。しかし、それでも、リーダーになるには、確信を行動に移すことが不可欠だということはわかっているのです。

中途半端な立場にいると……

大手メーカーで役員を務めるヘンリーは、社内の動向に疑問を抱いていました。卒業してからずっと同じ会社で働いてきましたが、数年前から会社は顧客のニーズを満たすことよりも、四半期利益に注力するようになったのです。製品のクオリティや顧客サービスの向上のために投資するか、それとも利益率を上げるか、どちらかを選択しなければならないとき、これまではずっと長期的な視野で判断していました。そして目先の利益をあきらめてでも、経営基盤を強化して長期的に利益を上げ続ける道を選択していたのです。

ことのはじまりは四年前に新しいＣＥＯが就任したことでした。それ以前には同社でＣＦＯ（最高財務責任者）を務めていた人物で、同社が顧客を重視しながら利益を上げるという方向性から、短期的に利益を上げる方向性へと転換したのはこの新しいＣＥＯの意向だとヘンリーは考えていました。今では顧客か利益かどちらを優先するかという議論になると、「今年度の利益率を考えるとどちらがいいか？　株価への影響はどうか？」という問題ばかり話し合われるようになったというのです。ヘンリーが驚いたことに、新しいCEOと良好な関係を維持したいために、同社の役員のほとんどがこの方向転換を受け入れたのです。ヘンリーは新CEOに腹を立てると同時に、同僚たちにも嫌悪感を抱きました。

私に会いに来たヘンリーは、すっかりやる気を失ってふさいでいました。状況を説明しながら、ときたま言葉少なに私の質問に答えてくれました。「きみの意見を話してみたかい？　CEOは何て答えた？」と私は訊ねました。

「話したことはないよ」その返事に私は驚きました。

「何だって？　どうして話さないんだい？」

「どうせ聞いてはくれないだろうよ！　もともと親しい間柄でもない。CEOを怒らせたら、ぼくはどうなると思う？」

「きみが言わなくて、誰が言うんだ？　きみよりも権力や影響力がある人はいるのかい？　役員が勇気を出して動かなければ、何も変わらないよ」

このエピソードにはハッピーな結末が待っていたと言いたいところですが、現実は違いました。結局ヘンリーは勇気を出して新CEOに意見することはできませんでした。一年後、新CEOは徐々に彼の意見を求めなくなり、重要なミーティングにも呼んでくれなくなったそうです。ヘンリーは疎外感をつのらせ、会社を辞めることまで真剣に考え始めました。

皮肉なことに、その一年後に当のＣＥＯが私のところへ来ました（守秘義務の関係で、私がすでにＣＥＯの裏話を知っていることは打ち明けませんでした）。このＣＥＯの見通しを聞いて、私はつらくなりました。「うちにはヘンリーという名の役員がおりまして。困ったことに、私がＣＥＯに就任してから、ヘンリーはやる気を失ってしまいまして。どうも私に反対意見を唱えて忠告する気がないようなのです。私は以前ＣＦＯだったもので、マーケティングや製造畑の人たちの率直な意見を聴きたいのです。金銭的な利益か長期的な営業基盤かどちらを選択するかという場面になると、私は時々見えなくなってしまうんです。こうした選択は毎日のように突きつけられますし、私一人で決められるものでもありません。ヘンリーには本当にがっかりしました。彼はリーダーに向いていません。彼を降格させて、彼の部下をその後釜に据えようと思っているんです」

これは痛い。ヘンリーは確信した通りに行動しなかったために、中途半端な立場にいたのです。上司のご機嫌を取ったつもりが、上司から軽蔑される有様。それというのも、上司が求めていたのはイエスマンではなく、リーダーシップだったからです。

確信をもって適切に行動した結果、キャリアに傷がついた管理職など、私はほとんどお目にかかったことがありません。その反対に、会社の問題に強い懸念を抱きながらも、危険を犯さず静観したりした結果、信用を失い昇進の道を絶たれた管理職は大勢目にしました。どんなに不安で危険だと思っても、行動に移す方法を見つけてください。不安を完全無視してはいけません。不安と無為のリスクとを秤にかけてみてください。ためらうことは誰にだってあります。経営者になったつもりで動こうと奮起すれば、迷いをふっきれるでしょう。

どうすれば行動に移せるか?

何が心配なのですか? 不安や心配は誰にでもあります。しかし、不安にとらわれていては、変化を生み出すことも、能力を発揮することもできません。自分の確信したことを行動に移さなければ、あなたの本領を発揮することなど夢のまた夢です。

不安をどう取り除きますか? 私がお勧めする方法は「メンタルモデル」です。さまざまな状況をイメージすることで、物事が明確に見えるようになります。迷いを吹っ切って、ある程度のリスクを覚悟して行動できるようになります(注1)。

メンタルモデルとは、実際の(あるいは思い込みによる)緊迫した状況から自らを解放して、心をリラックスさせ、為すべきことを明確にする演習です。たとえば

●仮にあなたが会社の経営者だったら、これだと確信したことをすぐに行動に移します

か？（本章で説明した「経営者マインド」をメンタルモデルに当てはめてみました）

●仮にあなたがお金持ちだったら、何をしますか？

●仮にあと二年間しか生きられないとしたら、何をしますか？

こうした実際とは異なる状況をイメージすることで、行動に移せない理由がわかるようになります。さらに、二の足を踏むようではリーダーにはなれないことにも気づくでしょう。説得力のある話し方をしなければと意識するあまり思うように話せない人は、確信を持っていることを口に出せばいいのです。どうにも気になる問題について意見したり行動を取ったりするとき、人は非凡な能力を発揮することがあります。口べたで人を説得するなんて無理だという人は、アプローチを変えてみましょう。ある問題に対して、「これだ」と確信する答えが見つかったら、それを行動に移す術を身につけるのです。

価値創造に注力する

リーダーシップとは結局のところ、人にメリットをもたらすような価値を創造することに他なりません。このことは非常に重要であるにもかかわらず、真剣に議論されていません。優れたリーダーや優れた企業がその地位を築けたのは、顧客やクライアントや地域社会などの利害関係者に価値を提供しようと努めてきたからです。かつては一流と呼ばれたリーダーや企業が道を踏み外したのは、この目的に注力することを怠ったためです。事業活動をする目的と理由がわからなくなって混乱したのです。会社の活動が利害関係者に与える影響の責任を負おうとしなくなったのです。

米海軍特殊部隊のモットーは、このコンセプトを実に巧みな言葉で表現しています。「原因がわかれば、おのずと解決策も見えてくる」——特殊部隊では厳しい訓練の間にこんなフレーズを隊員の頭にたたき込むのです。

自分や自社の利益になることをめざとく察知し、それを行動に移すのに長けた管理職に、私は大勢会いました。しばらくはうまくいくかもしれませんが、そのやり方では成功を持続させるのは難しいでしょう。利害関係者にとって価値あるものを生み出さなければ、少なくとも私の観点ではリーダーとは呼べませんし、最善を尽くしているとは言えません。ほとんどの人は、要職に就いているから自分は「リーダー」だと思い込みます。しかし、重要な利害関係者にメリットをもたらすことに注力しない人は、高い地位に就いていてもリーダーにはなれません。卓越したリーダーは、チームメンバーの成長を促せたかとか、重要な利害関係者に価値を提供できたかを基準に、自分の仕事ぶりを評価するのです。

「リーダーの仕事は結果を出すことじゃないのか？」と思う人もいるでしょう。前述したように、利益を出すなどの成果は、長年価値を提供し続けてこそ実現するものです。もちろん、人々に価値を提供する前にあっという間に成功する人もいます。しかし結局のところ、価値創造などお構いなしという姿勢で、何年も成功し続ける人はそう多くはありません。優れた企業や優れたビジネスリーダーは、チームメンバーの成長を促し、長年にわたって独自の価値を顧客に提供し続けてこそ利益は生まれる、ということを知っています。

その一方で企業は、事業が一般市民を含めた利害関係者に与える悪影響に責任をとらなければなりません。歴史を振り返ると、一部の利害関係者に価値あるものを提供する一方で、何らかの形で他の関係者に悪影響を及ぼす企業は跡を絶ちません。たとえば、顧客の役に立つ製品を販売する一方で、汚染物質を排出して地域の人々の健康や生活を損ねる企業です。リーダーは広い視野から価値創造について考えるかたわら、外部に及ぼす悪影響の恐れを分析し、その除去に努めなければならないのです。

価値を提供しながら悪影響を取り除くには、定期的に目標を見直し更新する必要があります。世の中は変わり、業界も変わり、社会規範も変わり、規制も変わります。競合他社が思いきった行動に出たり、製品やサービスがコモディティ化することもあります。そのため、どんな価値をどう提供するかについての工夫もたえず更新していかなければならないのです。

リーダーに幻滅するとき

リーダーに不信感を覚えるときがありますが、その理由は大抵の場合、リーダーの能力に問題があるからではありません。人の先頭に立つにふさわしい責任感も行動力も持ち合わせていないのではないかという疑念がわき起こるからです。また、このようなリーダーやその組織は、地域社会や顧客のために価値を創造しようと全力を尽くしているようにも見えません。一度このような不信感が生まれると、企業であれば商品は買われなくなり、立候補者であれば投票しようとは思われなくなります。

企業のCEOは、四半期ごとに利益を上げたり、せっかちな投資家の期待に応えたりといったプレッシャーにさらされるあまり、「顧客満足」よりも「事業計画を練る」ことに関心が向きがちです。良き企業市民となって地域社会に与える影響に配慮することも、忘れてしまいます。そのような事態になると、従業員や顧客や一般市民は戸惑い不安を覚えます。「この会社はお金もうけを最優先している。顧客や地域社会に価値を提供して貢献する気がないのだ」と見られるようになります。やがて研究や技術革新の重要性も叫ばれなくなります。さらには会社の対応も事務的になり、顧客のニーズに応えて長期的な関係を築く気がないのだと顧客は気づきます。そしてマーケットシェアは徐々に縮小し、顧客の価値を重視する企業に顧客を奪われるようになります。

何が問題なのか？

スーザンは米中西部に拠点を置く建材販売会社を創業し、現在は経営者を務めています。それ以前には、数州に拠点を持つ大手建設会社で働いていました。前社では、最初は資材の買い付けを担当し、次に流通センターを管理し、最後には地域マネージャーになりました。そして数年後には起業を決意しました。スーザンは事業計画を立て、投資家を募り、流通センターを開設し、ごく狭いエリアを対象に資材を提供していました。

会社は発足当初から好調でした。数年後には、三つの新しいエリアにそれぞれ流通センターを開設し、サービスの対象地域を広げることに成功。その後も数回新株を発行して資本金を積み増し、会社も順調に成長していました。ところが、創業から八年目にして初めて売り上げ減を記録し、翌年も業績は振るいませんでした。業績不振の原因の一つは景気の悪化と、それに伴って住宅建設の需要が低迷したからでした。そのことは承知しつつも、スーザンは会社の上層部に疑問を抱くようになりました。

悩んだスーザンは私のところへ相談に来ました。彼女は失望し腹を立てていました。「まったく上層部のメンバーときたら！　あの人たちは無能か、あるいは私ほど会社に対する思い入れがないんです。まるですべての責任を自分一人で背負わされてるみたいです。あんなに協力的だった投資家たちも、電話会議の際に私を厳しく問い詰めるようになりました。

「うちの事業が景気循環の影響を受けやすいことはわかっていました。前よりも景気循環にうまく対応できるようになったと思ったんですが、予想よりも難しいですね。会社を経営することが私の夢だったのですが」スーザンはため息をつきました。「時々首をかしげるんですよ、どうして起業しようなどと思ったのかと」

毎日どんな業務に時間をかけているかを訊ねると、スーザンははっきりとは把握していませんでした。そこで、事業の拡大につれてスーザンのスケジュールがどう変化したかを検証しました。すると最初の流通拠点を開設した頃には、毎日その現場に足を運び、顧客対応、資材調達の判断、従業員の指導などに時間を割いていたことが判明しました。しかし、第二、第三、第四と拠点を開設して事業を拡大するうちに、顧客や従業員と話す時間は減り、代わりに投資家への対応、財務状況の分析、新拠点の候補地探しに追われるようになっていたのです。

こうしたスケジュールの説明を受けた後、私は「あなたの会社はどのような価値を顧客に提供していますか？」と訊ねました。スーザンは少し口をつぐんだ後でこう言いました。「変わったご質問ですね。私は経営者なので、利益を上げることを考えています。従業員にも常々こう言うんです——利益を上げなければなりませんと。それが企業というものでしょう？」

「いいえ、それは違いますよ。優れた企業も利益も、価値を提供した結果生まれるものです。もう一度お聞きします。どんな価値を作り出すつもりですか？　あなたの会社が他社と差別化できる点はどこですか？」

　しばらく考えた後、スーザンは自分でも驚くような答えを出しました。「会社を立ち上げたばかりの頃、私もあなたが尋ねられたようなことを考えていました。うちの顧客は建築請負業者や下請け業者が多いのですが、彼らと話しながら彼らの必要としている商品やサービスを理解して、材料を仕入れたり、建築やリフォームの最新トレンドに注目していました。顧客が満足できるサービスを提供するために戦略も練りました。すべてが順調でした。ところが事業が安定してくると、私は方向転換して会社の財務面に力を注ぐようになったんです。経営者はそうするものだと思ったからです。言うまでもなく、投資家は売り上げや利益のことばかり訊いてきますしね」

「あなたは、起業家がよくやる過ちを犯したんですよ」と私は言いました。スーザンは、会社の最大の売りに注力するのをやめて、重要だけど会社の成功の礎にはならない要素に力を入れすぎたのです。彼女は原点に立ち戻って、価値創造について真剣に考える必要があったのです。業界も顧客の購買活動も景気循環の影響を受けやすいため、原点に返ることは決して容易なことではありませんでした。

　結局、投資家たちは売り上げや利益に関する質問ばかりしてくるが、経営者には会社の売りに専念してほしいと願っているのではないか、とスーザンは思うようになりました。さらに、彼女が思っていたほど部下が悪いわけでもありませんでした。部下たちは、彼女が何を優先しているのかがわからなかったのです――あるいは優先事項がなかったために、混乱したのかもしれません。要するに、会社はどういう価値を提供しようとしているのか、そのスーザンのビジョンがわからなかったため、彼らは自分がやるべき仕事もわからなかったのでしょう。こうした混乱は住宅建設需要の低迷や、顧客の購買習慣やサービスニーズの変化によって深まってしまいました。スーザンはこうした変化を読み取って、ビジョンや会社の優先事項を見直すべきでした。そうすれば、従業員も難しいビジネス状況を切り抜ける方法がわかったでしょう。

　要するに、スーザンは従業員をうまく統率できなかったのです。

スーザンは、強固な事業を築くことと顧客に価値を提供することとを関連づけてこなかったことに気づきました。それがリーダーの役割だと認識していなかったのです。

　会社に戻ったスーザンは自分を見つめ直しました。「顧客のために会社はどんな価値を提供できるのか？」という問いの答えを数週間かけて模索しました。答えを見つけるために、顧客や従業員と話す時間を増やしました。そして会社の売りとそうでないものを見直し、そしてその理由も突き止めました。まもなく、主要顧客である建築請負業者のニーズとして仕入れた製品が間違っていたことがわかりました。サービスも明らかに低下していました。スーザンは仕入れの方法を見直し、顧客の購買習慣と建築トレンドを定期的に分析するプロセスを導入し、顧客サービスを向上させるよう命じました。

数ヶ月後、厳しい経済状況のなか、同社の売り上げと利益は回復し始めました。現在のスーザンは、あの二年間を振り返って貴重なことを学んだと言います。「価値創造に集中することを学びました」先日スーザンは電話でそう語りました。「価値を提供したいと思ったからこそ私は会社を立ち上げたのだし、そのおかげで会社は今後も発展できるのですから。価値創造に目を向けることで、意思決定のプロセスも優先事項も明確になり、従業員の団結力が増しました。会社はさらに盤石になり、私もリーダーとしてさらに成長できました。好成績を維持し続けるには、力強いリーダーシップを発揮しなければならないのですね」

地位も肩書きも関係ない

意思決定者として自分の信念を見極めること、勇気を出して行動すること、そして人々に価値を提供することに注力すること――これらをリーダーシップの柱だとすると、リーダーになるのに経営者や重役の地位は必要でしょうか？　特定の仕事や地位がなければリーダーシップを発揮できませんか？　経営者になったつもりで考えて行動するには、経営者でなければなりませんか？

いいえ。その必要はありません。リーダーシップの本質は心構えです。地位ではなく、行動で決まるのです。部下がいなくともリーダーになれます。逆に、何千人もの部下を抱えていても、リーダーになれない人もいます。すべては行動次第です。経営者になったつもりで自分の信念を見つけ出し、その信念に従って行動していますか？　人のために価値を作りだそうと努力していますか？

これを実践するのに、肩書きも地位も株式も必要ありません。辞令など必要ないのです。

リーダーシップを発揮した用務員

先日、米北東部にある小学校の校長先生に会いました。校長先生は、その学校で働くカールという用務員の話をしてくれました。ある日、学校で六歳の少年がパンツを濡らしてしまいました──騒ぐほどのことではありませんが、その子が心に傷を負いかねない出来事ではありました。廊下で突っ立ったまま途方に暮れている少年を見て、カールは少年が困っていると察知し、担任の先生を探しに行きました。カールは担任の先生と一緒に少年を別室に連れて行き、体を拭くのを手伝い、着替えを探してきて、少年をなだめました。その後、少年を教室に送り届けました。二人の目標は、少年がパンツを濡らしたことをクラスメートに気づかれないこと、そして少年が恥をかかずに下校できるようにすることでした。少年が教室に戻ると、カールは通常の業務に戻ってゴミを拾い、床を掃除しました。

これこそがリーダーシップだと私は思いました。カールのことはよく知りませんが、彼がリーダーであることはわかります。カールは学校で働く人たちのなかで一番階級が低い人かもしれません。しかし、この状況で彼は経営者のように考えて行動したのです。途方に暮れる少年を見ても、子どもの面倒を見るのは自分の仕事ではないと、業務を続けることもできました。しかし彼は立ち止まって、自分が何とかしなければと考え、少年と学校にとって最善だと思うことを実行したのです。

カールが実践したことはリーダーシップでした。この学校の校長先生もまたリーダーに違いありません。というのも、カールが少年を救うために何をすべきかを考え、それを実行に移せたのは、それができる環境があったからであり、その環境を築いたのは校長先生だからです。

このエピソードこそ経営者のように考えて行動することの好例であり、私が思い描くリーダーシップの形です。リーダーシップには大げさな肩書きは要りません。いつか昇進して高い地位に就いたならやることでもありません。リーダーシップとは人のために何ができるかを考え、いざというときにそれを行動に移すことなのです。

卓越した企業にはこのような人々がいるものです。優れた組織では、幹部社員たちが誰を昇進させるかを決めるとき、日頃からこのような行動を取れる人が報われます。少なくとも、私が会社員だった頃はそうでした。誰かを管理職に抜擢するとき、私は候補者がリーダーらしい行動を取っているかを見ました。リーダーらしい行動とは、仲間の手助けをする、経営者の立場で考え行動する、イニシアティブを取る、自分の仕事を限定せずに職務の範囲を超えて積極的に働きかける、などです。現時点でこうした行動を取れない候補者が、高い地位に就いてから心構えや行動を劇的に変えるとは思えません。

リーダーがいない？

今やあちこちで「リーダーがいない」という声を耳にするようになりました——世界中で起きている問題をすべて解決するには、リーダーが絶対的に足りないというのです。本当でしょうか？

今までに私は何度もリーダーたちと働いてきました。私はリーダーをめざして努力するのも、他の人がリーダーになるのをサポートするのも、リーダーが成功するよう後押しするのも好きです。私はさまざまな国々から来たいろんな職業の人と出会います。私のリーダーシップの定義に基づいて考えるならば、リーダーが足りないということはありません。それどころか世界中には何百万人ものリーダーがいて、どんな職業にも見つけることができます。

「リーダーがいない」と私たちが感じるのは、目立つリーダー――大きな組織を動かす経営陣や権力者たち――が、本章で説明したような経営者マインドを実践できていないからです。

一体どういうことでしょうか？　なぜリーダーにふさわしい行動が取れないのでしょうか？　自分がやるべきことが何かわからないのか？　結果さえ良ければいいと思っているのか？　あるいはかつては経営者マインドで行動していたものの、責任の重さから慎重になったのか？　そして「これだ！」と確信したことを実践して、顧客のために価値を生み出そうと努力する代わりに、抜け目なく目先の利益を追い求めるようになったのでしょうか？

地位も名誉もあるエグゼクティブが情けない行動を取るのを見ると、「偉大なリーダーはもう存在しないのか」と思いたくなるかもしれません。しかし私はそうは思いません。おそらく間違った基準で間違った人々を見ているだけなのです。立派な肩書きがあるからといって、リーダーにふさわしい行動を取るとは限りません。リーダーシップとは地位や肩書きではなく、何をするかにかかっているのです。

有能な管理職がリーダーとしての能力を存分に発揮できないのには、いくつかの理由があります。そのことを含めたいくつかの問題については次章で取り上げます。

リーダーシップになくてはならない要素

経営者になったつもりで、自分の信念を見極められますか？　その信念に従って、一人で、または誰かの協力を仰ぎながら行動できますか？　人に価値を提供することを常に念頭に置いて、しかも誰かに悪影響を及ぼした場合には責任をとれますか？　管理職の人は、部下に経営者マインドを実践するよう励まし、その権限を与えていますか？　そして彼らが実践した場合に、それに報いるような環境を築いていますか？

やってみよう

●あなたが輝いていたときのことを思い出してください。あなたは何をしていましたか？　どんな気持ちでそれに取り組みましたか？　あなたが思った通りに行動できたのは、それができる環境が整っていたからですか？　その環境要因は何ですか？　本章のリーダーシップの定義を学んで、あなたも能力を発揮できるとひらめきましたか?

●あなたが経営者の立場で考えて行動するには、何があると心強いですか? 逆に、何があると行動力が削がれますか? 何かを行動に移そうと思ったとき、あなたはどんなリスクを感じますか? 不安を抑えて経営者マインドを実践するために、段階的にどう取り組もうと思いますか?

●以前あなたがリーダーだったときのことを思い出してください。今では後悔している行動はありますか? 本章でリーダーシップの定義を学んだ今、どうすれば良かったと思いますか? うまく行かなかった理由は何ですか? その経験から何を学びましたか?

●現時点で、あなたは「自分はリーダーにはなれない」と思っていますか? なぜそう思うのですか? 本章を読んで、あなたが驚いた内容はありましたか? 本章から学んだことによって、仕事やコミュニティにおけるあなたの意識や行動が変わると思いますか? どう変わると思いますか?

●管理職の人にお訊ねします。あなたは、部下が経営者の立場で考え、行動できる環境を築いていますか? 部下に行動を促し、自らもそのお手本となるために、段階的にどう取り組むつもりですか？　このテーマについてさらに詳しく知りたい人は、第3、4、5章を参照ください。

●リーダーシップについて、あなたが今大いに疑問に思っていることは何ですか？

第２章

自分の殻を破る

意欲的に学び、
“正しい疑問”をもち、
アドバイスを求め、
孤立を避ける

リーダーはどんな過ちを
犯しやすいと思いますか？

質問力と学習意欲を備えていますか？

孤立しないための対策を立てていますか？

傷つくことを恐れずに行動できますか？

第1章ではリーダーシップに不可欠な要素を説明しました。それを読んで、「リーダーシップって実にシンプルなのだな」と思った人もいるでしょう。だとしたら、能力を開花させてリーダーとして大成できない人が大勢いるのはなぜですか？　実践するのがこれほど難しいのはなぜでしょうか？　経営者マインドを実践する人がもっと多くてもいいと思いませんか？

かつての私は、うまくリーダーシップを取れない人は、頭脳か能力かスキルか経験のいずれかが足りないからだと思っていました。しかし、この数年間でその考えを改めました。今では、リーダーシップを発揮できない人の多くは、自分の状況を把握する能力を身につけることを怠り（または身につけることができず）、さらには自分をも理解できていないからだと考えるようになりました。それというのも、彼らはさまざまな転換期や差し迫った問題に直面してそれを乗り越えようとするとき、自分が弱みをさらけ出し傷つかなければならないのに、それができないからです。

経営者マインドを身につけられない、あるいは身につけても長続きしないのはなぜでしょうか？　意思決定者になったつもりで自分が正しいと思う決定を下し、それを行動に移す方法を模索し、その行動が他者にどんな影響を及ぼすかを分析する――この一連のことが実践できないのはなぜでしょうか？　私が思うに、その原因は一見無関係に見える以下の項目に取り組めないからではないでしょうか？

●わからないことを人に質問し、人に助言を求める自信がありますか？

●知らないことをどんどん吸収したいですか？　それとも、自分はすべての答えを知っていると思い込んでいますか？

●人に助けてほしいとお願いする、わからないことをわからないと素直に認める、誰かに権限を委譲する、チームの力を利用する――傷みを感じることなくこうしたことを気持ちよく受け入れることができますか？　正直になれますか？

●あなたは、部下たちと距離を置いて職場を管理していますか？

経営者の立場で考えて行動するのは、容易なことではありません。複雑で込み入った世の中で、誰かの助けなしでこれを実践するのは不可能です。どんな状況でも多様な要素を考慮し、多数の利害関係者のニーズを評価するだけの知恵、専門知識、広い視野を備えている人はいません。そのためリーダーは、重要事項について確信を得る術を学ばなければなりません。あなたならどうしますか？　それには、人に相談し助言を求める能力を伸ばし、すべての答えを知っている必要はないということを受け入れることです。

地位が上がるにつれて、リーダーは孤立しがちです。しかし、部下を育て、学習意欲のあるリーダーは、孤立化を巧みに避けられます。経営者の立場で考え、行動するには、これらの能力が不可欠なのです。

本章では、これらのテーマについて説明し、リーダーとして大成するのが難しいのはなぜか、その原因を考えます。また、これらの問題にうまく対処するためにとるべき具体的な行動を指摘します。より優れたリーダーになるために、あなた自身の障害を乗り越えてください。

成長の分岐点

リーダーシップには努力が必要です。常に何かを学ぼうとする姿勢が必要です。リーダーシップはゴールではなく、プロセスであり、旅です。最終的なゴールはないものと覚悟してください。ある朝目が覚めて「ついにやったぞ。もうリーダーになるために汗水垂らして努力する必要はないんだ！」と安堵する日は来ません。昇進して要職に抜擢されると、ほとんどの人は目標を達成したと感じます。しかしそのあとすぐに、昇進の前以上にプレッシャーを感じます。

その後彼らはどうするか？　さらに腕を上げるために努力し続ける、できれば前以上に努力しなければと気づくのが理想的です。ここでどう行動するかで、その後の成長が決まります。多くの人は、努力する→目標を達成する→もっと努力するというサイクルに消耗します。まだ走り続けなければならないのか、というわけです。リーダーになるために生涯努力し続けなければならないなんて、考えただけで憂鬱になります。

リーダーの地位に就いた途端に「目的を達成した」と誤解する人は、これでもう努力しないで済むと勘違いします。これ以上能力を伸ばす必要はないと思ってしまうのです。リーダーになるための勉強は終わったと思い込むと、それが自己暗示となって、あなたの成長も止まります。しかし実際には、何かを学び吸収する自己鍛錬の旅には終わりがありません。鍛錬は死ぬまで続くのです。

あなたが今後も成長し進化し続けるには、このことを肝に銘じて行動しなければなりません。あなたの前進を邪魔するのは他の誰でもありません。あなた自身なのです。

このことを踏まえて、ごくシンプルな問い（簡単すぎるかもしれません）について考えてみましょう。

質問しますか？　助言を求めますか？

何だ、そんなことかと思ったかもしれません。「質問なんてできるに決まってるじゃないか。しょっちゅう訊いてるよ。それがどうした？」と。

しかし実際には、質問するということは、あなたが思っている以上に難しくて勇気が要る行為です。優秀な人のなかには、リーダーの地位に就いたときに、すべての答えを知っていなければと思い込む人がいます。答えを知っているかのように振る舞わなければ、役立たずだとか、小心者だとか、無能だなどと思われそうで不安なのです。仮に誰かに質問をしたとしても、形だけです。要するに、学ぶつもりで真剣に相手の答えを聴いていないのです。なぜでしょうか？　意見を変えたり、他人の意見に左右されたりすると、意志が弱い人だと思われそうで不安なのです。「自分は今やリーダーなのだから、何でも知っていなくては」と思い込んでいるのです。

あなたは柔軟に意見を変えられますか？　「私は間違っていた」と認められますか？　新たな事実が見つかるか、説得力のある主張を聴いたとき、それに耳を傾けて自分の意見を考え直しますか？　「もちろん」と即答する人にお訊きします。本当ですか？　これらができるか否かは、あなたのなかのリーダー像や心のあり方次第です。リーダーは自分の意見をもっていなければならない、そして部下に指示しなければならないと思い込んでいませんか。意見を変えるのは意志が弱い証拠だ、自分が物事を決めるのだと思い込んでいませんか。失敗したとか、間違っていたと認めるのは難しいですか？　だとしたら、あなたは能力を発揮できていないかもしれません。

人の話を聴いてますか?

ウィリアムはある会社を創業し、今もその会社でCEOとして働いています。ウィリアムはハーバード大学の経営者/社長向けのマネジメント・プログラムに参加した際に、私に会いに来ました。そして、リーダーとして間違っていたのではないかと悩んでいる、と言いました。彼は、何年か前にソフトウェアの開発会社を立ち上げました。共同経営者と一緒にソフトウェアを開発して、発売したのです。顧客の大半は工業製品メーカーで、ソフトウェアを高く評価してくれました。数年後、同社の売り上げは二五〇〇万ドルを超え、税引前利益率は平均二〇%を記録したそうです。ウィリアムは同社の株式の過半数を保有し、将来の展望も申し分ありませんでした。「順風満帆じゃないですか」一通り話を聴いた後、私は言いました。「で、何が心配なんですか?」

「ようやく夢をかなえたと思いました。でも、今はマーケットシェアが落ち込んでいて不安なんです。ライバル企業に取り引きを奪われてまして。幹部社員たちは指示には従ってくれるのですが、私ほど真剣に会社の将来を考えてくれません。技術革新を進めるか、商品の売り方を工夫しなければ。しかし、何が問題なのかわからないのです。これほど大事なときに、この種の問題に取り組まなければならないなんて。問題を突き止めたいんです。助けていただけませんか?」

「幹部社員たちはどう思っているのですか?」

「彼らもわからないようなんです。むしろ、私の考えを知りたがり、私からの指示を待っています。でも私は多忙をきわめています。顧客との商談、競合他社の動向分析、自社製品の見直し。これ以上は働けません。幹部チームの人選を間違ったか、あるいは私のマネジメントが間違っているのでしょう」

　ウィリアムは、共同経営者のジムと会ってもらえないかと私に訊ねました。ジムも大学の同じプログラムに参加していたのです。面会の日にちを決め、ジムが私のオフィスへやって来ました。ジムは積もりに積もったフラストレーションを遠慮なくぶちまけました。

「ウィリアムは何でも知ってるつもりなんです」ジムは憂鬱そうに不満をもらしました。「質問しておきながら、こちらの返事を途中で遮って、最後まで言わせてくれません。辛辣な批判を浴びせてくるので、結局みんなはウィリアムがどうしたいかを推し量って、彼の望み通りのことを言わされます。みんな萎縮しています。怖くて意見が言えないんです。どうせ何かを言っても、ウィリアムに問い詰められて、恥をかかされるのが落ちですからね」ジムはウィリアムの言動について包み隠さず話してくれた後、ウィリアムとこの問題について話し合ってほしいと私に頼みました。

　次にウィリアムに会ったとき、ジムの意見を伝えました。「そもそも私の会社ですからね。私が感じる責任の重さは尋常ではありません」とウィリアムは言いました。「他人の計画に従うぐらいなら、自分が正しいと思うことを貫いて失敗するほうがマシですよ。私ほど会社への思い入れが強い人はいませんしね。確かに、もっと部下を信頼すべきかもしれません。でもリーダーである以上、私が先頭に立たなくてはなりません。つまり、確固たる態度で方向性を示さなくてはならないんです。もちろん、部下の意見も聴くべきだと思います。でも結局、みんな私の指示を待っているんです。ずっとこの方法で会社を経営してきましたし、今まではうまくいっていたんです。なぜ今さらやり方を変えなければならないんですか？」

「一歩距離をおいて、自分のリーダーシップを客観的に見つめ直してみてください。前にうまくいったからといって、今も通用するとは限りません」私はそう言った後、会社に戻ったら管理職を集めて社外会議を開いてはどうかと提案しました。「まず、ジムと話し合って、会社が直面している課題を三つか四つほど選んでください。そしてミーティングのときに、一つずつ課題を挙げてグループに議論させ、彼らの意見を聴いてください。あなたは黙って話を聴いていてください。議論を遮らないでください。進行係が必要なら、誰かにやってもらっても構いません。いいですか、あなたの仕事は課題を挙げて、みんなの意見を聴くことです。結論は出さないでください」

「そんなことをしたら、みんなは戸惑うのでは？」とウィリアムは心配しました。「なにせみんなは私のリーダーシップなしで動くことに慣れてませんからね」

「このやり方もリーダーシップに他なりませんよ。リーダーは、部下に質問するときもあれば、部下の意見を採用するときもあります。どんな状況でどちらの方法を取るべきかを知って、いざというときに部下が口をはさめるよう、訓練しなければなりません。結局のところ、ビジネスの状況については社員もあなたと同じぐらい——あるいはもっと——知っているはずですから。さらに、この問題をあなた一人で解決することは不可能です。それを受け入れてください。幹部チームを奮起させる方法を見つけましょう」

ウィリアムは社外会議を開くことに同意してくれました。その後、ミーティングで驚くほどの成果があったと報告してくれました。「実に賢明な分析結果が得られました。また、現状を打破するための具体的な解決策が三つ、四つ決まりました。うちの幹部社員たちは、いざというときは立ち上がるんですね。いやはや、まさかこんなにうまくいくとは」

ジムとも個別に会ったところ、ジムもミーティングに満足していました。「ウィリアムにどんな魔法をかけたんですか?」ジムはジョークまじりに訊ねました。「あんなにリーダーらしいウィリアムは見たことありませんよ」

もちろん〈魔法〉などありません。ウィリアムはただ、リーダーシップの取り方を変えようと決意しただけです。おもしろいことに、そのおかげで彼の重圧は軽くなり、その分を幹部チームが背負うことになりました。部下に相談して彼らの意見を聴くことは、彼の考えるリーダーシップではありませんでした。しかし彼はその固定観念を捨てたのです。そして、適切であれば部下たちに相談し、彼らに積極的に発言させ、議論させ、解決に向けて取り組ませることもリーダーの仕事の一つだと学んだのです。

上司が持つ権力は、部下のそれとは比べものになりません。この「権力の不釣り合い」を念頭に、上司はチームメンバーとどう付き合うかを決め、その方向性に合った環境を作らなければなりません。リーダーであるウィリアムは、メンバーが経営者のように積極的に行動できる環境を築きました。しかしそのためには、部下に質問すること、そして彼らの意見を聴くことを学ばなければなりませんでした。多くの起業家と同じように、彼もリーダーシップスタイルを修正することを学んだのです。リーダーにはやがて「自分がすべてをやる段階」から、会社の成長のために「部下に権限を委譲し、部下と協力しながら働く段階」へとシフトしなければならないときが来るのです。

質問するのも、人の話を聴くのも苦手な人は、自分が思っているほど学んでいない恐れがあります。ひょっとしたら、人の意見など聴きたくないという雰囲気を醸し出しているかもしれません。そのような人は、状況を分析して柔軟に行動を変える力が急速に衰える恐れがあります。

積極的に学び続ける姿勢

いろんな意味で、積極的に学ぼうとする姿勢は生涯維持していくべき課題と言えます。

学生の頃や就職したての頃は、何でも人に訊いて、どんどん学ぼうとします。学生気分だと、人はスポンジのように知識を吸収します。まだベテラン扱いされる前の段階です。たとえ相手に積極的にフィードバックしなくても、ためらうことなく相手に質問したりアドバイスを求めたりします。新しい生活や仕事を始めるときは、自然にそんな学習モードになるものです。

もちろん、何らかの人生のスタート地点に立ったときでも、壁を作って人に助けを求めたがらない人はいます。しかし大抵の場合、学ぶ意欲がピークに達するのは若いときです。若いときは、くだらない質問をするのも、知らないことを知らないと認めるのも恥だと思わず、物事をどんどん吸収しようとします。学生のうちは――あるいは学校を卒業したての頃は――こうしたことがやすやすとできるのです。

将来性のある若手社員は、やがては高い地位へと昇進するでしょう。私生活においてであれキャリアにおいてであれ、ある時点で、気づかないうちに学習意欲は失われていきます。意識的に学習モードを維持し続けないと、学ぶ習慣が少しずつ失われていくのです。なぜだと思いますか? 先述したように、昇進して部下を持つと、「すべての答えを知っていなければならない」と思い込むからです。知っていて当然のことを誰かに訊こうものなら恥をかくと不安になるのです。おまけに、恥をかいた場合のリスクはどんどん大きくなるように感じます。要するに、他人からどう思われているのかが気になってしまうわけです。

キャリア的には、あなたは企業か非営利組織の上級管理職、あるいは取締役に就任している頃でしょうか。質問する力と学ぶ力を鍛えていないエグゼクティブは、孤立して職場事情に疎くなります。学んでいないことに無自覚なまま、とりあえず周囲に合わせているだけの人が大勢います。

取締役の役割とは?

広告会社の幹部を務めるジルは、ある非営利組織の取締役に就任することが決まりました。その組織では、教師を雇って、放課後に子どもたちに読み書きを教えていました。ジルはこのプログラムをよく理解していました。というのも、このプログラムがある学校で以前にボランティアをしたことがあったからです。そのプログラムが子どもたちに良い影響を与えるのを見て、好印象を抱いていました。

ジルは一年間取締役会に出席しました。取締役は他に一二人おり、みなそれなりの地位にあるプロフェッショナルばかりでした。取締役会は四半期ごとに開かれ、通常はCEOの報告、スタッフによるプレゼン、会計報告が行われました。会計報告では組織の収入、支出、募金活動などについて話し合われました。

ある日、ジルが私のところへ情報収集のために来ました。「非営利組織の取締役の仕事はどうだい?」と私は訊ねました。「そうねえ。うまくいってると思うわ。組織も他の取締役も申し分ないし。私はうちのミッションに共感しているし、このプログラムに参加できてうれしいわ」

私はその組織の強みと弱みは何か、CEOのことをどう思うか、取締役会ではどんな議論をするのか訊ねました。ジルはためらい、困った表情を浮かべました。「どうしたんだい?」と私は訊ねました。

「質問にどう答えようかと思って。まさか弱みについて訊かれるとはね」他方でポジティブな側面として、CEOは信頼できる人物だと言いました。「私たちに何でも率直に話してくれるし、気配りができる人よ」それからジルは、取締役会は〈質疑・議論モード〉よりも〈静聴モード〉に近いと付け加えました。

「どうしてだい?」

「議長とCEOが、取締役会の進行をしっかり管理しているのよ。二人はシナリオ通りに取締役会を進めてるんじゃないかしら。議長から『取締役の皆さんにはCEOとスタッフをサポートしてほしい、それを態度で示してほしい』と言われたの。だから報告を聴くたびに、私たちはいつもポジティブな反応をするし、めったに反論もしないの。私は取締役になって間もないじゃない。みんなと親しくなりたいし、仲間に入れてほしいから」ジルは少し間をおいて、こう付け加えました。「とてもいい人たちよ」

私はややぶっきらぼうにこう言いました。「その組織のことをよく知らないみたいじゃないか、ジル？　それに仲間に入りたいからって、質疑するのを恐れ、よくわからないまま同意するなんて。議長とＣＥＯの顔色をうかがっているみたいじゃないか。自分の広告会社でも、きみはそんなに事なかれ主義なのか？　質疑するのを恐れるくらい臆病なのか？」

「まさか、そんなことはないわよ。会社は別よ。私の仕事だし、キャリアもかかっているし。取締役としての私の仕事は、募金活動を手伝うことと、組織を支援することだから」

その考え方を見直した方がいいとジルに勧めました。非営利組織の取締役会であってもリーダーシップを発揮しなければなりません。取締役会の役割は、ＣＥＯと議長を盲信してサポートすることではありません。取締役会には組織で何が起きているかを把握し、主体的に行動する責任があるのです——たとえ組織の幹部に目障りだと思われようとも。

ジルはしばらく考えた後、やり方を少し変えてみることにしました。まず、組織について知りたい疑問をいくつかメモしました。それからＣＥＯに電話をかけると、取締役会でこれらのテーマについて話してほしいと頼みました。こうして取締役会で組織について新たな情報をたくさん得たジルは、ますます疑問がわいてくるという有様でした。

その後のジルの報告によると、ＣＥＯはいらつくどころか、ジルの熱心な態度に喜び、こう言ったそうです。「私たちの活動に興味を持っていただき、ありがとうございます。正直言いまして、ほとんどの取締役はそこまで熱心ではありませんし、私たちの課題もどこまで理解してくれているのか……。このところの離職者の増加、活動を広げるための募金、子どもたちのためにもっと技術を導入すべきかなどといった問題にも頭を悩ませております。このような話はスタッフ間ではするのですが、取締役会はあまり関心がないようなので。露骨なことは訊いてきませんし。これからも取締役会で取り上げるテーマをいくつか提案していただけませんか?」

言うまでもなく、ジルは驚くと共に喜びました。そしてCEOと二人で、次の取締役会の議題としていくつかのテーマを取り上げてほしいと議長に頼みました。議長もまた理解を示してくれました。さらに、議長が自分の仕事で追われて、取締役会の準備ができないため、会を進行させるのがやっとだったことがわかりました。次の取締役会では、重要な問題について真剣な議論が行われました。取締役たちは嫌がるどころか真摯な態度で意見を述べ、疑問点もたくさん挙げてくれました。それを見たジルはこう思ったそうです——他の取締役たちも、他の人は組織の状況を把握していると思い込んでいたに違いない。だからこそ余計な波風を立てず、くだらない発言を慎み、進行を邪魔しないよう気を遣っていたのだろうと。取締役たちは、誰かが率先して訊きにくいことを質問して会合を引っ張ってくれたことに安堵していました。

この体験から、ジルは質問することも取締役の仕事だと学びました。それから、自分が戸惑うか、これでいいのかと不安になるときは、他にも同じ気持ちを抱いている人がいることを知りました。さらに、思った以上にこの組織の戦力になれそうな気がしました。それから二年としないうちにジルは取締役会議長に任命されました。彼女は議長就任を誇りに思うと共に、ようやく世の中に貢献できそうな気がしています。ジルの成功の秘訣は何でしょうか？　質問すること、そしてわからないことをわからないと認めることを学んだことです。

わからないことを人に訊けますか？　学ぶ意欲はありますか？　これらができるようになるには、すっかり衰えた筋肉を鍛えるときのように、練習が必要かもしれません。さらに、聴く力を格段に向上させる必要もあります。そして何よりも、リーダーシップの概念を見直さなければならないでしょう。

学ぶ意欲を維持するには、わからないことを訊ね、そして人の話を聴くことです。さもないと、みんなは状況を把握しているのに、知らないうちにあなただけが取り残される事態になりかねません。

孤立というリスク

孤立してはいけない——そう言うと、誰もがすぐに同意します。たとえ「孤立」が意味することがわからなくても、ネガティブなことだと理解しているのです。

私が考える孤立とは、自分やまわりの状況が見えない状態をいいます。よく見えないせいで、状況を分析するのも、行動するのも、人のために価値を作り出すのもうまくできなくなるか、あるいはこうした能力が失われていきます。

もちろん誰にでも盲点はあります。問題は、一歩踏み込んで自分の盲点を見つけ、それを認識する気があるか否かです。何もしなければ、毎度同じ盲点に気がつかないまま、孤立し続けるでしょう。世の中には、自分が問題を引き起こしていることに気づかない人がいます。あなたがその盲点を指摘してあげたら、彼らがどれだけ救われると思いますか？

この種の孤立を防ぐにはコミュニケーション——人にフィードバックを求め、もらったフィードバックを受け入れること——が不可欠なのです。

エグゼクティブと話をすると、彼らは一様に孤立するような状況は避けるべきだと主張し、孤立している人に同情します。ところが、彼ら自身の状況について話し出すと青ざめてきます——思っていた以上に自分が孤立していたことに気づくのです。

わからないことを人に訊けない人や、すべての答えを知っていると思い込んでいる人は、ほぼ間違いなく「余計な口出しをするな」という雰囲気を醸し出しています。あなたがそうなら、周りの人々は黙ってあなたに従うでしょう。人生は短いですし、いい気になっている人をあえて打ちのめすほど暇ではないのです。さらに上司であるあなたは、部下よりも強い権力を持っています。部下は上司を怒らせたくないですし、たとえ聴いてもらう必要があっても上司が聴きたがらないことは言いにくいものです。繰り返しますが、他人に意見を求めて孤立した状態を打破するには、第一歩を踏み出さなければなりません。そしてそれをすべきなのは権力と責任を持っているあなたなのです。

孤立は時間をかけてゆっくりと進行するため、おそらく本人はその状況に気づきません。孤立しているかどうか判断したい人は、以下を自問してみてください――人にアドバイスを求めますか？　部下と面談しますか？　人の話を黙って最後まで聴きますか？　携帯端末をテーブルに置いたまま人と話しますか？　いつも人とどうやってコミュニケーションを取りますか――電子メール、電話、それとも直接会いますか？　あなたの重大な盲点を教えてくれる〈早期警告システム〉はありますか？――たとえば無記名の投書箱（手紙またはオンライン形式）、あなたの助言役を務める部下と定期的に一対一でミーティングを行うなど。

香港に赴任した有望社員

マリオはロンドンに本社がある世界的な酒造メーカーで働いています。精力的でカリスマ性があり、二年前に香港子会社のCEOに就任しました。人を鼓舞するのがうまく、魅力的で優れた戦略家でもあったマリオは、何年も前から「生まれながらのリーダー」だと言われていました。本社のCEOからも期待の星、将来全社を統轄するリーダー候補だと見られているに違いないとマリオは思っていました。香港に出向を命じられたのは、管理職としての経験を積むためでした。五年ほど赴任した後、本社に呼び戻されて要職に就くものと思っていました。

私とマリオは、共通の友人を介して知り合いになりました。その友人は、私が以前にアジアで会社の運営に携わったことを知っていました。マリオは、香港での業務は「難しい」と私に率直に打ち明けました。「私は中国語が話せるので、仕事では助かっています。でも、子会社の社員から信頼されていない気がするんです。香港は成長市場として注目されているのに、業績は低迷したままです。それから、何人かのマネージャーとうまくいってなくて。うち一人には、問題点を改善しないと解雇すると警告しなければなりませんでした」

さらにマリオはこんなことも話してくれました。「本社との交渉も予想以上に大変です。ぼくが何かを勧告したり、要望を出したりしても、差し戻されて却下されることがあります。本社の連中は官僚的です。だからアジアでの企業経営の大変さがわからないんだと思います。

「年度末査定では、毎回成績上位二五％グループに入っていました。ところが昨年は同僚に負けて、第二グループ（上位二六～五〇％）に落ちてしまったんです。直属の上司と面談したときに、私のマネジメント方法についてクレームが何件か来ていると言われました。『もっとやさしく接してくれ』とか、そんなところです。さっきも言いましたが、アジアでは何をやるのも簡単ではないんです」

マリオには同情せずにはいられませんでした。アジア諸国が実に手強い相手であることを、私はよく知っていたからです。「私の経験から言うと、きみは孤立しないよう意識的に何らかの対策を講じなければ、すぐに疎外感を覚えるだろう。きみは事業、顧客、従業員の状況をどうやって把握しているんだい？　信頼できる部下はいるかい？　質問に答えてくれたり、情報をくれたり、率直なアドバイスをくれたりする人は？　一ランク下の役職の人たちとおしゃべりや質問をして、会社で何が起きているかを知ろうと努めているかい？」

「その手のことはしていません。週に一回幹部社員とミーティングをやって、みんなで事業報告、つまり売り上げや支出などの財務指標について検討します。事業計画についても話し合います」

今度は「腹心の友」がいるかと訊ねてみました——つまり、一対一で会ってわからないことを質問できて、相談すれば率直に意見を述べてくれる人のことです。「前職ではそんなことをする必要がありませんでしたからね。質問はしますが、他の人みたいに組織行動学的なやり方には興味もないですし。ぼくは能力と実績で勝負したいんです。高い目標を立てて、その達成のために努力する。これまでの経験から言うと、ぼくがビジネスの基本に集中して、クオリティで妥協しなければ、みんなも難局を乗り越えて、ビジネスもうまくいくはずです」

私はもう少し訊ねてみました「きみの年度末査定のことを話してくれないか。どのような批判が書いてあった？　成績順位では上位二六～五〇％のグループに入ったと言ったね。上司は何て言ってた？」

マリオは、部下たちが批判的なコメントを言ったのだと付け加えながら、その内容を詳しく話してくれました。そのなかには「独裁的だ」「人の話を聴かない」「自分が知らないということに気づいていない」「現地の文化や慣行を軽視する」「何でも知ったつもりになっている」などのコメントがあったそうです。

マリオがこれらの批判的なコメントを気にもとめていないのを見て、私は心配になりました。年度末査定の評価で気づいてもよさそうなのに。ところがマリオは自分のやり方を通そうとするあまりに、上司や部下からのメッセージに気づいていませんでした。そこで私は、なぜ評価についてもっと真剣に考えないのかと尋ねました。

「だって、ぼくは会社を立て直すために香港に派遣されたんですよ。ぼくを嫌う人や敵と見なす人がいるのは仕方がないですよ。会社を改革しなければならないんですから、ネガティブなフィードバックなんて覚悟のうえです」

ハーバード・ビジネス・スクールでは、将来を有望視された社員が昇進するうちに職場から浮いてしまうケースを定期的に取り上げるのですが、マリオの状況はまさにそれでした（注1）。私自身も仕事で似たような状況に陥ったことがあったので、率直に助言することにしました。「マリオ、きみは木だけを見ていて森を見ていない。きみがリーダーとして海外に派遣されたのは、ビジネスと文化を学んで地元社員を育て、彼らが将来きみの後を引き継げるようにするためだ。独裁者や主役になるためじゃない。きみの仕事は、会社の経営をサポートできる強いチームを作ることだ。残念ながら、きみは自ら自分の立場を悪くしてしまっている。みんなは問題があることを知っているのに、きみだけが気づいていない」

このとき、マリオは私に会いに来たことを後悔し始めたように見えました。「いいですか、ロブ。確かにあなたは管理職としての経験が豊富です。でも会社を好転させるためにぼくがやらなければならないことを、あなたはわかっていません。スフレを作るには、卵を割らなければならないんです」

私は笑いながらマリオに言いました。「スフレの作り方はわからないが、問題に気づいたときにそれを指摘する方法は知ってるよ。たとえきみが聴きたくない話であってもね」

マリオは少し肩の力を抜いて、こう言いました。「わかりました。で、ぼくにどうしろと言いたいんですか?」

「まず、リーダーシップスタイルを変えることを検討してほしい。私の提案はすべて、きみを孤立させないようにするためのものだ。孤立から抜け出せれば、前よりも状況が見えるようになるだろう。まずは、優秀な部下を三~五人ほど選ぶ。それからその部下たちと一対一で会って、きみのやり方を改善するにはどうしたらいいか、何か別の方法がないかと訊いて、一、二点ほど提案をしてもらうんだ。彼らの言葉をしっかり聴いて。メモを取ってもいい。彼らが萎縮して何も言わないときは、忍耐強く接して、助言がほしいとお願いするんだ。

「最初はこれで十分だろう。おそらくきみは指示を出すばかりで、あまり人に相談したり、人の話を聴いたりしていないように思う。そのせいで部下の能力を十分に引き出せていないし、自分自身も自分の状況もしっかり把握できないのだと思う」

半信半疑ながらもマリオは一度やってみることにしました。ほどなくして、マリオが経過を報告してくれました。「部下の反応にはショックを受けました」と彼は言いました。「彼らは待ってましたと言わんばかりに意見してきました――会社のこととぼくの運営方法について。人材の配置が間違っていると指摘されました。それから「マーケティング戦略が時代遅れだ、ヨーロッパでは通用しても香港では通用しない」とも言われました。あと、「あなたは中国語を流暢に話せるけど、この地域の文化も顧客の好みもわかっていない」ともね。それからぼくが決定したことをいくつか白紙撤回してほしいとか、意思決定の方法を変えてほしいとも言われました――つまり、意思決定のプロセスに自分たちも加えてほしいって言うんです。

「最初のショック後も、動揺は収まりませんでした。彼らの意見が正しいことがわかるだけにね。気分は最悪ですが、同意せざるを得ませんからね」さらに、彼が下した重要な決定がうまくいかない理由も理解できるようになったそうです。一人で先頭に立ってトップダウン方式でやるよりも、チームと協力するほうがより良い結果が期待できることを学んだのでした。

私はマリオの成長をうれしく思い、見守りました。サラブレッドの競走馬だったマリオはつい最近まで負け知らずでした。抜きんでた能力を持つ彼は、挫折知らずでした――ところが昇進して、人々の協力が必要な立場になると状況は一変しました。こうなることは時間の問題だったのです。幸いにも、彼は手遅れになる前に貴重な教訓を学んだのです。

前述しましたが、年を重ねて地位が上がるほど、孤立する危険性は高くなります。もちろん、若い人も例外ではありません。キャリアと人生の早いうちから孤立化を意識し、孤立を避けるにはどうしたらいいか考えておくことです。

ミレニアル世代

ミレニアル世代（訳注：主にアメリカで一九八〇年代～二〇〇〇年代に生まれた若者の総称）は、コミュニティへの帰属意識が強く、インターネット環境にも恵まれていて、史上もっとも情報に不自由しない世代です。テクノロジーがいつも手の届くところにあったおかげで、彼らは自由自在にデジタル機器を使いこなせます。理論的には、人々と自由にやり取りして関係を築くことができる、孤立とは無縁の世代が生まれたことを祝福すべきなのでしょう。

それが現実なら申し分ないのですが。私はむしろ、現実はその逆ではないかと思っているのです。

ハーバード大学での仕事柄、私は二〇代半ばから後半のさまざまな男女と会話します。知り合って間もない頃は学校や職業選択について話します。数ヶ月経って学生たちと何度か会話を交わすうちに、話題が変わり始めます。大抵の場合、学生たちは深刻な話題を持ち出すようになります——個人的なことだからとか、恥ずかしいからといった理由で、他人には話しにくい話題です。たとえば自信の喪失、親や恋人との関係、将来への不安など。深刻な話を切り出されると、私は最初にこう訊ねます。「そのことを誰かと話し合ったかい？」大抵の場合、「いいえ、誰にも話していません」との返答が返ってきます。ときに聴き間違いではないかと、相手の返事をオウム返しに訊くこともあります。「ええ、そうです。聴き間違いじゃありませんよ。誰にも話したことはありません」「どうして？　その種のことを話せる人がいるだろうに」すると、ほぼ毎回と言っていいほど彼らからはネガティブな返事が返ってきます。「いいえ、誰もいないんです」

このようなやりとりを何度も交わした結果、ミレニアル世代が私の世代よりもはるかに孤立していることがわかってきました。でも、おかしいと思いませんか？　彼らにはソーシャル・メディアが豊富にあるのに。携帯メールやツイッターでやりとりし、フェイスブックやインスタグラムで互いの活動もチェックしています。電子メールでもしょっちゅう連絡を取り合っているではありませんか。

ですが、問題はまさにそこにありました。連絡手段がたくさんあるせいで、直接会う代わりに間接的な連絡手段を選んでしまうのです。電話をかけて直接話したほうがいいときに、携帯メールを送ってしまう。直接会って話したほうがいいときに、電話をかけてしまう。コミュニケーションを取る際に、相手との人間関係を築きにくい間接的な連絡方法を採ってしまうのです。

おまけに、インターネット上でのやり取りにはプライバシーが漏れるリスクがあります。サイトに投稿したコメントがどんどん拡散して、見知らぬ人の目に触れることもあります。

そんな場合に備えて、人々は仲間の前でも本音で語らなくなります。ここに問題があります。すなわち、本音で語らない習慣が身について、親しい人の前でも魅力的な人柄を演じるようになるのです。

その結果、直接会って率直に語り合う機会が減り、今抱えている悩みを誰かに相談しなくなります。友人や愛する人に悩みや不安を打ち明けられなければ、悩みをどう解決すればいいかといった助言がもらえません。相談相手がいないと、物事を客観視できずに将来後悔するような決断を下してしまいかねません。

自分をさらけ出すのが怖い

わからないことを質問する、勉強不足だと認める、孤立から抜け出す——どれをやるにも、訓練とある程度の自信が必要です。皮肉なことに、これらの行為は「自信がないからやるのだ」と思われがちです。前述したように、人間は弱みを見せる行為や、恥をかきそうな行為をやりたがりません。弱みを見せるのが嫌なのです。これらの行為をあまりやったことがない人、またはやったせいで不愉快な思いをした人は、気が重くなるかもしれません。

理由もなく心がざわざわする人もいるでしょう。あなたの過去の出来事が原因かもしれません。たとえば、かつて信頼していた誰かに裏切られた経験があるとか。あるいは親とうまくいっていない人、過去のトラウマで誰にも頼りたくないと思う人もいるでしょう。

しかし、リーダーシップには他人との連携がつきものです。ある程度誰かに頼らなければ成立しないのです。

自己評価が低いせいで、本心をさらけ出せない人もいます――自分は見かけ倒しの人間だと思っていたり、実際に愚かな人だったり、現在の地位にふさわしい能力を持っていなかったり、重要な資質が欠けているために周りの人より劣っていたり。そのような原因があると、はっきりと意見を主張したくても、同僚に問題点を指摘したくても、部下を指導したくても、懸念事項を同僚に打ち明けてみんなで協力して解決したくても、どうしても億劫になりがちです。人生の過渡期を乗り越えるときは、自分をもっと理解することが重要になりますが、そのことについては次章で詳しくお話しします。

孤立に気づくとき

大抵の場合、何らかの転換点を迎えるまで、自分の孤立には気づかないものです。たとえば、昇進、新しい仕事、他の地域への異動、自分または家族の生活の変化、チームの変化などです。退職が転換点となる人もいます。さらに、経済動向の変化、業界の変化、主力商品の寿命、競合他社の動きが転換点となる場合もあります。

きっかけが何であれ、転換期を迎えると、リーダーは自分の状況を正確に見極めて状況にうまく適応しなければならなくなります。というのも転換期が来たということは、状況が変わりつつあるということであり、うまく適応しなければ変化に乗り遅れいつか脱線してしまうからです。状況の変化に適応するには、戦略を変えるか、チームメンバーを変えるか、あるいはリーダーシップスタイルを変えなければなりません。

孤立している人は、状況をあまり客観視できておらず、迅速にリーダーシップスタイルを変えられないことがあります。経営幹部が判断を誤るのは、ほとんどの場合、転換点をすばやく察知できなかったことが原因です。その結果、大きな問題を回避できなかったり、絶好の機会を逃したりするのです。リーダーの失敗談には、転換点となる問題に気づかなかったために、対応が遅れたことを後悔する話がたくさんあります。

練習あるのみ

本章を読んで、リーダーシップとは何かをもう一度考えてみましたか?

リーダーへと成長する過程に終わりはありません。リーダーに限らず、何かで大成するには努力と忍耐が必要です。わからないことを質問する、積極的に学ぶ、孤立しないよう気をつける、転換点を察知する――どれも難しいタスクですし、どれも気の重い仕事です。しかし、努力するうちにうまくなるものです。

次章では、より良いリーダーになるために、あなたがマスターしなければならない事柄やプロセスについて詳しく解説します。プロセスを着実にこなせば、あなたが正しいと信じることは何かがわかるようになり、人々に価値を提供できるようになるでしょう。

やってみよう

●あなたのリーダーシップスタイルの特徴を書いてください。人々をまとめ、主導するうえで、そのスタイルは効果的ですか？　効果的な点と、効果的でない点を、それぞれ挙げてください。

●わからないことを質問したり、助言を求めたり、フィードバックを頼んだり、誰かに権限を委譲したりしていますか？　「わからない」「気が変わった」「アドバイスがほしい」「××の件は私が間違っていた」などと素直に言えますか？　言えない人は、その理由は何ですか?

●あなたはどうやって重要な決定を下しますか? 本章を読み終えた今、その意思決定プロセスをどう変えたいと思いますか?

●あなたがストレスだと感じることや、心がざわつくことは何ですか? あなたの「敗者の口調」はどのようなものですか?(第3章を参照) これらの負の要素は、あなたがリーダーとして行動するときにどう影響しますか?

●孤立を避けるために、または孤立状態から脱するために、どんな対策を講じていますか?

第3章

リーダーとしてのスキルを伸ばす

二つのプロセスをマスターする

独自の価値をもったビジョンを
創造できますか?

少数の優先事項に絞り込めますか?

方向性を定めて順守できますか?

自分の強みと弱みを把握して、
自己理解に努めていますか?

第1章では、リーダーシップの基本事項と経営者マインドを身につけることの重要性についてお話しました。第2章では、リーダーが責任を持って行動するのを妨げる問題を挙げると共に、孤立しないためには積極的に学び続けなければならないと述べました。これらの考えに共感した方は、次の段階へと進みましょう。すなわち、リーダーシップ能力を向上させ、リーダーが犯しやすい過ちを回避するために対策を講じるのです。

リーダーシップの本質は学びにあります。スムーズに学ぶには、いくつかのプロセスをマスターする必要があります。これらをマスターすれば、あなたのリーダー力にはさらに磨きがかかり、経営者マインドを積極的に実践できるようになるでしょう。

二つのプロセス

私たちは毎日少なくとも二つのリーダーシッププロセスを実行しています。たとえ意識していなくても、誰もがこれらのプロセスを行っているはずです。問題は、そのプロセスを積極的かつ規則正しく行っているか、またはきちんとやろうと努力しているか否かです。場当たり的にやる人は、リーダーとしての成長も仕事の成績も伸び悩むでしょう。

一番目のプロセスを「ビジョン、優先事項、方向性の確認」のプロセスと呼びます。これは戦略的なプロセスです。あなたならではの価値を提供する方法を見つけ、それを的確な言葉で表現すること（ビジョン）、その価値を生み出すための重要なタスクに優先順位をつけること（優先事項）、経営陣の判断がその目標の達成に沿ったものかを確認すること（方向性の確認）です。このプロセスについて詳しく知りたい方は、私の著書『ハーバードの〝正しい疑問〟を持つ技術』（小社刊）を参照ください（注1）。

このプロセスで前提となるのは「リーダーシップとはすべての答えを知っていることではない。〝正しい疑問〟を持つことである」という考え方です。優れたリーダーは、組織が独自の価値を創造することに注力しているか、また目標達成に近づくような決定が下されているかを確認するものです。

一番目のプロセスの陰で、もう一つのプロセスが静かに行われます。一番目のプロセスほど知的ではないものの、ある意味気後れするプロセスです。なぜならこれは自分に関するプロセスだからです。これは自分への理解を深めるプロセスであり、自分について学び続けることを習慣化するプロセスでもあります。二番目のプロセスについて詳しく知りたい方は、私の著書『ハーバードの自分を知る技術』（小社刊）を参照ください（注2）。

このプロセスでは、「優れたリーダーになるには、自分を知らなければならない」ということが大前提となります。当たり前だと思うかもしれませんが、実際はというと、自分を知ろうと努力をせず、また自分への理解が足りないせいで経営者マインドが実践できない人が大勢いるのです。

才能ある人々も、人生やキャリアで困難な状況――多くは転換点――に直面します。そんなとき、状況は分析できても、自分の行動目的と行動理由を客観的に分析できない人がたくさんいます。そして結果的にリーダーとしての手腕を存分に発揮できないのです。第二のプロセスを実践して、一生を通して自己認識を高める努力を続けていけば、こうした困難に対処できるようになります。自分への理解を深めることで、リーダーとしていっそう成長していけるようになるでしょう。

この二つのプロセスを読んで、「何の話かさっぱりわからない。どちらのプロセスも意識したこともなければ、やったこともない」と思った人もいるでしょう。それでも私の答えは同じです――たとえ意識したことも、実行したこともなくても、この二つのプロセスは起きています。

とりわけ、「明確なビジョンを描くこと」「優先事項を決めること」「方向性を確認すること」は、毎日きちんと管理しなければならないプロセスと言えます。同様に、自分をどこまで理解しているかは、あなたの日々の行動、すなわちあなたがやろうと選択した行動にも、選択しなかった行動にも現れます。これら二つのプロセスを、あなたの目の前で起きている一連の流れだと思ってください。重要なのは、あなたがその流れをしっかり見て、積極的に管理することです。何かが起きるたびに慌ててそれに対処し、うまく行かなかったらどうしようかと思案していてはいけないのです。

繰り返しますが、リーダーシップとは学びであり、学び続けることです。経営者のように考え、行動するには、知的な事柄だけでなく、自分の感情への理解も深めなければなりません。仕事や人生で混乱が生じたときに何に集中すべきかを知ることであり、自分をもっと理解するために何をすべきかを知ることでもあります。これらのプロセスは、リーダーになるためにも、リーダーとしての能力を向上させるためにも、誤った方向へと組織を導かないためにも欠かせません。本章では、その理由とこれらのプロセスについて詳しくお話しします。繰り返しますが、「〝正しい〟疑問を持つこと」と「積極的に学ぶこと」がリーダーの基本だとすると、この二つのプロセスこそがしっかりと見据えなければならない一連の流れなのです。

ビジョン、優先事項、方向性の確認

「明確なビジョンを描く」「優先事項を三〜五項目選び出す」「方向性から外れていないか分析する」――これらのプロセスを行うと、リーダーとしての手腕を格段に向上させることができます。車で旅行へ出かける状況にたとえることもできます。どこへ向かうのか？　なぜそこへ向かうのか？　そこへたどり着くためにしなければならない重要事項は何か？　いったん家を出発したら、今度は道順を確認します――旅行に出かけるときにはこうした問いが鍵となりますが、それはリーダーとしての旅路にも当てはまるのです。おまけにこれは、チームのみんなに経営者マインドを実践するよう促すのにも役立ちます。あなたが目指すゴールをチームのみんなに伝えれば、みんなもゴールへの到達に向けて積極的に行動しやすくなるからです。

ビジョン

ビジョンとは目標のことです。企業がいかにして独自の方法で価値を提供するか、それを言葉にしたものです。繰り返しますが、リーダーシップの基本は人々に高い価値を提供することです。「価値」とは、組織が顧客やその他の利害関係者のために作り出すメリットのことです。「独自の」を強調したのは、組織は類似の商品やサービスよりも価値が高いものを作り出さなければならないからです。同じ市場で出まわっている他社の製品やサービスよりも優れているか、引けを取らないものでなければなりません。言い換えれば「仮にあなたの企業または非営利組織が消滅したときに、世の中は何を失うことになるか?」という問いに対する答えが、あなたの組織の価値なのです。

毎朝起きて、目標実現のために努力しようと人々を奮い立たせるには、ビジョンが欠かせません。この問いの答えを模索し続けることなく、何年も成功し続けたリーダーや組織には、私はお目にかかったことがありません。確かに一時的に成功を収めたリーダーや組

織はありますが、独自の価値を提供することに注力しないリーダーや組織の成功は長続きしないものです。

この考え方によると、利益とは独自の価値を提供した結果もたらされる産物に他なりません。だからこそ、優れたビジネスリーダーや組織は、顧客にすばらしい商品やサービスを提供しようと尽力し、商品やサービスを向上させようと定期的に見直しを行うのです。この目標に向けて日夜努力するうちに生み出されるのがお金なのです。経営陣が売り上げを最優先させたために、企業が自ら窮地に陥り、売り上げが減少したり、破綻したりする例をたびたび目にします。彼らは、顧客に価値を提供することを忘れ、利益を出すことをビジョンと勘違いしてしまったのです。

「いかにして独自の価値を創造するか?」――リーダーは何度もこう問い続けてください。あなたにはこの課題を背負う責任があります。何をするにも、これを基準にして物事を判断しましょう。この目標を達成するには、さらに一歩踏み込んで、従業員や利害関係者に繰り返しビジョンを伝えなければなりません。さらに、従業員たちから、それぞれの直属の部下や利害関係者にビジョンを伝えてもらう必要があります。

そうすれば、従業員たちも経営者のように考えて行動できるようになります。自分が正しいと思うことは何かを見つけ、その信念に従って行動しやすくなります。明確なビジョンがあると、従業員たちも価値創造に注力できるため、団結しやすくなります。そのうえ、価値を提供するうえで会社に問題があれば、その問題を経営幹部に指摘して修正を図るよう訴えやすくもなります。こうして従業員は、自分のためではなく、大きな目標のために働くことを学びます。つまり彼らもまた経営者のように行動するようになるのです。

このプロセスに終わりはありません。世の中は変化し続けており、あなたが数年前に創造した価値が今も通用するとは限りません。製品の寿命、製品のコモディティ化、グローバル化、技術革新、社会規範の変化、消費者行動の変化など、理由はいくらでもあります。だからこそリーダーはさまざまなことを吸収して、自社の価値命題を定期的に見直さなければならないのです。「いかにして独自の価値を生み出すか?」――時代の波に飲み込まれないためにも、定期的にこの問いの答えを模索することです。

ビジョンとは、会社が日々活動を続けるための「理由」です。ビジョンとは、リーダーや従業員にとって強力な武器であり、戦略であり、判断基準でもあるのです。

優先事項

明確なビジョンを掲げるだけでは十分ではありません。そのビジョンを実現するために優先してやるべきことを、できれば三~四項目ほどに絞り込む必要があります。優先事項とは、組織が独自の価値を提供するためにハイレベルで実行しなければならないタスクのことです。数を「三~四項目」としたのは、一〇項目もあると優先事項がないのと変わらないからです。ほとんどのリーダーは、重要なタスクをハイレベルでこなしたくても、優先事項が数項目以上あると、一つ一つのタスクにうまく集中できないものです。

優先事項には、以下などが含まれます――有能な人員を採用・育成し会社に定着させる、重要な顧客と確たる関係を築く、新しい商品やサービスを生み出す、世界レベルの情報技術を導入して、在庫管理や顧客情報の分析を行う、など。

優先事項を決める際には、チームの協力を仰ぐ必要があります。かなり考え、悩まされるはずです。その理由がわかりますか？　優先事項を一つ選ぶと、暗黙のうちに別の選択肢が切り捨てられるからです。優先事項を決める作業は、選択することであり、重要性を秤にかけることです。しかし、優先事項をはっきりと伝えておけば、従業員たちは何らかの選択を迫られたときに、最良の判断をしやすくなります。

優先事項を選択するときは、考えたり分析したりで何週間もかかることもあります。場合によっては、自分の会社の商品またはサービスの最大の売りは何かと顧客に訊ねる必要もあるでしょう。その売りに関わるタスクを優先事項に入れてください。

アパレルメーカーの選択

私は以前、レディースファッションをデザイン・製造するアパレルメーカーのアドバイザーを務めていました。幹部社員たちが考える同社ならではの売りは、ファッションの次の流行を予測し、その流行に沿った衣服をデザインすることでした。さらに同社は、服をどう組み合わせたらおしゃれに見えるかを顧客に提案できるよう、小売店の販売員にアドバイスしていました。ファッションとアドバイスの両方を提供することで、同社は顧客の個性的で美しい着こなしをサポートしたのです。イベントで同社のドレスを着る女性はおしゃれに見えるし、会場で同じようなドレスを着た女性と遭遇することもまれでした。

この価値を高めるために、会社はトップクラスのデザイナーを雇い、最高品質の素材だけを使いました。そのためCEOは、時間と素材にかけたかなりの投資に見合ったプレミアム価格で売るべきだと考えました。と同時に、高いクオリティと価格に合った販路を選ぶ必要もありました。この優先事項を遂行するために、小売店が商品を売りたいと言っても、同社のブランドや価値命題と合わない小売店には、服の販売を断りました。全従業員には、同社のビジョンと優先事項を明確に、なおかつ何度も伝えました。また、意思決定を行う際はすべて、この基準を基に判断が下されました。

優先事項を三〜四項目ほど選ぶようにと言いましたが、この会社の例を見れば納得いただけるでしょう。優先事項が古くなったら、チームのメンバーに質問して、優先事項をどう修正するかを話し合うことです。簡単には決まらないでしょう。しかし、具体的な優先事項があると、従業員は目的意識を持って時間を使うようになります。ですから優先事項は慎重に選んでから、組織全体に何度も周知しましょう。

通常、このプロセスには次の段階があります。全社レベルの次は、各事業部門でもそれぞれの業務に合った優先事項を決めるのです。言い換えると、会社のビジョンを実現するために、各部署でも独自のやり方で貢献するのです。たとえばＩＴ部は、会社のビジョンの実現を目指して、優先してやるべきことを三つ選び、会社にどんな価値を提供するかを考えるのです。法務部、人事部、工場、海外子会社などでも同じようにやります。会社全体と各部署で優先事項を決めることで、組織全体で共有されるルールとなるのです。

優先事項を決めたら、今度はそれをきちんと社内へ周知しなければなりません。それを怠ると、組織や部署はそれぞれ勝手に優先事柄を決めてしまうからです。従業員もリーダーも、組織の方向性を自分なりに解釈するため、優先事項がバラバラになってしまいます。私の知る限りでは、無計画に優先事項を決めると社内は混乱し、従業員は自分がやるべき仕事はこれでいいのかと不安に思います。言うまでもなく、このような混乱があると、従業員も経営者マインドを実践するどころではなくなります。その結果、従業員は効率的に働けずにやる気を失い、最終的にリーダーと組織全体のパフォーマンスにも響くことになります。

方向性の確認

明確なビジョンと優先事項を定めたら、今度はあなたが日々下す判断に注意を向けましょう。特に、ビジョンや優先事項に基づいて、日々の決定――大小に関係なく――を下すよう注意する必要があります。

この作業を「方向性の確認」と呼ぶことにします。「方向性の確認」は、ホイールアライメントという作業に似ています。これは、車のホイールの方向が一直線になるよう、整列具合を調整する作業です。アクションを起こすたびに、その方向で正しいか、それとも外れる恐れがあるかをしっかりと見極めましょう。

意思決定を下すたびに、それが会社の方向性にどう影響するか分析してください。部下を訓練して、彼らにも自身の決断を分析させてください。明確なビジョンを描き、優先事項を数項目選び出し、会社の方向性への影響（良い影響か悪い影響か）を基に意思決定の善し悪しを判断する――この秩序だったプロセスがチームにあれば、方向性の確認もできるようになります。

方向性に関わる要素

あなたが日々下す決定には、大抵の場合、会社の方向性に関わる要素が関係しています。たとえば以下の要素があります。

●人材選び――あなたはどんな人を採用していますか？　学歴、技術力、経験年数などの最低水準は何ですか？　年齢、意欲、労働観、性格、多様性などの個人的な特徴はどうですか？　これら人材選びに関わる要素は頻繁に見直しましょう。組織のビジョンと優先事項を達成するうえで、その人材選びの方向性は正しいか、そうでないか意識的に考えることが重要です。

●主要なタスク――ビジョンと優先事項を達成するために、ハイレベルでできなければならない重要なタスクは何ですか？　企業や非営利組織が成功するためには、リーダーがやらなければならないタスクがいくつかあるはずです。タスクは事業や業界によって異なります。あなたの組織でもっとも重要なタスクを四つか五つ挙げられますか？　タスクはモーセの十戒のように天から与えられるわけではありません。あなたか他の誰かが決めなければならないのです。適切なタスクを選んで、そのタスクに真剣に取り組んでいますか？――他の人に訊いてみてください。

●組織の仕組み――組織の報告体制に関わる要素のことです。たとえば、社員の配置方法、給与の支払い方法、昇進、人事考課、ミーティングの種類などの、組織の設計と運営に関わる無数のプロセスが含まれます。これらの要素やプロセスを軽視する人もいますが、それは間違いです。きちんと選択してプロセスを確立することで、ビジョンや優先事項の達成に向けて正しい方向に進みやすくなるのです。

●リーダーシップスタイル――組織をどのように統轄していますか？　自分のリーダー

シップスタイルを詳しく紙に書いてみてください。威圧的な態度を取りますか。一対一で面談するかグループで討論するか、どちらが好きですか？　部下にどんどん仕事を任せますか？　部下に指導しますか？　性格はオープンですか、警戒心が強いですか？　積極的に人と話し自分の意見をしっかり伝えますか？　失敗したときはどうしますか？　あなたのリーダーシップスタイルは、組織の方向性に多大に影響する可能性があります。自分のスタイルに気づいていますか？　まずは紙に書いてみましょう。

●社風——組織のなかで共有される行動基準、すなわち「やるべきこと」と「やってはいけないこと」などのことです。社風は、業界、社内環境、社員の特徴、社員が抱える仕事、組織の仕組み（構造や給与制度など）、あなたのリーダーシップスタイルなどに大きく影響されます。社風それ自体は良くも悪くもありませんが、ビジョンと優先事項を達成するうえで効果的な社風もあればそうでない社風もあります。まずは社風の特徴を正確に書き出して分析し、方向性に問題がないか問い直してみてください。社風を変えるには、抜本的な要素にも手を加える必要があるでしょう。どんなにすばらしいビジョンを描いても、組織の構造を変えて環境を整えない限りは、絵に描いた餅で終わってしまいます。

組織の構成要素を分析したら、紙を用意します。紙の真ん中に縦線を引いて二等分にし、一方の欄の見出しに「正」、もう一方に「誤」と書きます。組織の方向性に合っているものを「正」の欄に、外れているものを「誤」欄に記入してみましょう。

大抵の組織は、ある領域は正しくて、別の領域にはズレがあるものです。おまけにズレを生じさせるような出来事は何度も起きます。たとえば、競合他社が大胆な行動に出る、景気が悪くなる、主要な従業員が退職する、あなたがやる気を失ってリーダーシップスタイルを変えるなど。さらに、あなたの意思決定のせいで、予想外のズレが生じることもあります。こうしたズレは、ビジョンと優先事項の実現に与える影響を十分に考慮せずに意思決定を下すときに起こります。ですから、方向性にズレがないか頻繁に問い直し、ビジョンと優先事項を基準にして意思決定を行ってください。

マネジメントの戦略を修正するときは、方向性にズレがあると思った領域を変更します。変更を加えるのは軌道修正をするため、すなわちビジョンと優先事項を実現しやすくするためです。

白紙の状態から構想を練る演習

このような組織分析に興味を持った人は、もう一つ「白紙の状態から構想を練る演習」もやってみてはいかがでしょうか。さまざまな部署から将来有望なリーダーを四、五人ほど集めて、次の問いについて考えてもらうのです。

●仮に会社を設立し直すとしたら、会社の仕組みをどう変えたいか？
●ふさわしい人材はいるか？　今のタスクに問題はないか？　給与と昇進のシステムに問題はないか？　幹部のリーダーシップスタイルは今のままでいいか？
●どこかに問題がある場合、それをどう修正するか？

この演習をやると、冷静なアドバイスをもらえますし、若手リーダーたちに学びの機会を与えることもできます。若手リーダーたちも、キャリアの初期段階で経営者マインドを身につける絶好の機会になります。たとえ彼らの提案に賛成できなくても、組織の改善に役立つアイデアが三つ、四つは出てくるはずです。会社の設立に関わっていない若手リーダーは、会社の創業者よりも客観的に会社を見ることができます。この演習を使ってうまくあなたの盲点に対処しましょう。

まとめ――方向性の確認

どんな人材を雇うか？　誰を解雇するか？　誰をどの部署に配置するか？　給与システムをどうするか？　福利厚生をどうするか？　製品をどう流通させるのが合理的か？　ラスベガスで開催されるシンポジウムに従業員を派遣すべきか？　ミスを犯した従業員に指摘すべきか、黙って見過ごすべきか？　一部のタスクを誰かに任せるべきか、それとも自分でやるべきか？――私たちは毎日のようにこの種の問いと向き合います。何かを決断するときは、その決断がビジョンと優先事項の達成へとつながるかどうかを基準に判断してください。

一番目のプロセスをマスターする

ビジョンと優先事項が組み合わさると一つのプリズムができます。このプリズムを通して自分の行動を判断しましょう。明確な基準がなければ、あなたも従業員も何をすべきか確信が持てなくなります。プレッシャーにさらされると、人は直感で判断したり、リーダーの顔色を窺うような行動を取ったり、その場しのぎでごまかしたりしがちです。あるいは、決断できずに放置するかもしれません。

前述したように、リーダーシップとは、自分が経営者だったら何を正しいと思うかを見極め、そして他人に価値を提供できるよう行動することです。この考えに共感したら、しっかりした規律正しいプロセスを通して、会社と各部署はどんな価値を創造するべきなのかを見つけ出しましょう。リーダーも組織もビジョンをしっかり理解したうえで、それを実現するための優先事項を数項目ほど選び出してください。基礎となる土台をしっかり築けば、足踏みのそろった組織ができあがり、リーダーと従業員が意欲的に働くようになります。

このプロセスに消極的な人もいるでしょう。しかし、これがリーダーシップの基本です。リーダーシップとは究極的には何をするかです。行動がすべて。力強い演説もときには重要ですが、結局は行動で決まるのです。戦略的にビジネス計画を立てて成功する——その秘訣がビジョン、優先事項、方向性の確認なのです。

二番目のプロセス——自分を知ること

「ビジョン、優先事項、方向性の確認のプロセス」の他に、もう一つ別のプロセスが進行しています。この二番目のプロセスはあいまいで、多くの人にとってはやっかいで、不安にすら感じます。前述したように、多くの人はなんとなく意識はしているものの、できればやりたくないと感じています。なぜでしょうか？　それはこのプロセスが自分に関することだからです。

エグゼクティブにこのテーマを持ち出すと、彼らは大抵こう言います。「あなたはビジネスパーソンでしょう？　心を扱う心理学者ではないでしょうに。そんなことがリーダーシップにどう関係するんですか？　ビジネスにどう関係するんですか？　私は売り上げを伸ばそう（または、非営利組織を運営しよう、選挙で当選しよう）と努力してるんです。瞑想したり、人生の意味を考えたりする時間はないんです。私には仕事があるし、会社も経営しなければならないのに」

彼らの気持ちはわかります。私もかつて同じように考えていたからです。私が自分について考えるようになったのは、ビジネスのある場面で、感情が先走って冷静に仕事ができないことがあると気づいたからです。おまけに、自分でもよくわからない行動を取ることもありました。心に刺さるような質問で自問自答し、もっと自分を知らなければ、潜在能力を発揮できないことを学んだのです（私の学習は今も続いています）。

自分を理解することは、回避できることでも、後まわしにできることでもありません。このプロセスに責任を持って取り組んでください。自分への理解が深まると、日々の仕事ぶりも変わります。ここでお訊きしたいことがあります。あなたは自己認識を高めたいですか？　もっと自分を知りたいですか、それともむしろ知りたくないですか？　私が積極的に学ぶこと、質問すること、孤立を避けることを話すと、リーダーたちは何度もうなずいて「まさにそうですよ。是非やらなくてはね」と言います。しかし、このプロセスに自分について問いを立てることや自分を知ることも含まれると気づくと、彼らはがっかりした表情を浮かべます。「リーダーとして成長するには、本当に自分を知る必要があるんですか？」――ええ、もちろんですとも。

あなたは自分の行動を説明できますか？　どこまでリスクを許容できるか、何がストレスの引き金となるかを知っていますか？　一日の行動を振り返ってみてください。たとえば、大小さまざまなタスクをこなすとき、状況を分析するとき、人と話すとき、誰かに質問するとき、知ったかぶりをするとき、人を問い詰めるとき、または怖くて人を問い詰められないとき、激怒したとき、怖くて怒りや感情を表に出せないとき、従業員を慰めるとき、助言を請うとき、人を説得するとき、人から説得されるときなど。どんな行動を取るか、そしてなぜそんな行動を取るのかは、あなたの人格に影響されるのです。

あなたは自分の行動を説明できますか？——なぜ人に仕事を任せられないのか？　なぜ人にどんどん仕事を任せてしまうのか？　なぜ人を問い詰められないのか？　なぜこんなに威圧的なのか？　間違っていたとなぜ素直に認められないのか？　なぜ意見を変えられないのか？——そのような例は誰でもたくさんあります。リーダーは、自分の行動の理由をたびたび確認し続ける必要があります。あえて気づかない振りをする人は、自分が思っている以上に孤立しているでしょう。前述した状況、すなわち問題があることをみんな知っているのに、あなただけが知らないという状況に置かれているかもしれません。

強みと弱み

自分を知るために、まずは自分の強みと弱みを紙に書いてみましょう。簡単に思えるかもしれませんが、正確に書けない人は多いのです。

正確に書けないのはなぜでしょうか？　誰にでも盲点があるからです。ですから特に自分の弱みを知りたいときは、あなたをよく観察している人を探してアドバイスを求め、それを素直に聴く必要があります。言うまでもなく、あなたが何でも素直に聴くという態度で頼まなければ、誰もこの種のアドバイスをしたがらないでしょう。誰もあなたを怒らせたいとは思っていないからです。ですから、前向きな気持ちで批評を聴きたいのだと相手にわかってもらうことです。あなたを傷つけて嫌われたいと思う人などいません。ですからこのプロセスを実行するときは、助けが要るのだと相手に伝え、文句を言わずに相手の話を聴き、それから言いにくいことを話してくれた相手にきちんとお礼を言うことです。

ほとんどの人は、このプロセスに落ち着かない気持ちになります。特に自信がない人や、「私のような大物が、弱みをさらして人にアドバイスを求めるなんて」などと考えてしまう人は逃げたくなるでしょう。人に相談したくないと突っぱねる人は、自分の弱みで徐々に仕事が思うようにいかなくなるでしょう。しまいには問題が起きて、キャリアと評判が地に落ちるかもしれません。しかもそれは、自分で避けられたであろうダメージです。「私の弱みについてアドバイスをください」と人に頼むだけの謙虚さと意欲があれば、避けられたダメージなのです。

強みと弱みを分析するのは、弱みを克服するための行動計画を直ちに練るためではありません。第一段階は自分についての認識を高めることです。まずは分析して、それからスキルを磨くための戦略を練ります。弱みのなかには放っておいて差し支えないものもあります。たとえば分析力が劣る人が、分析力を高めるために専門の学校に通うのは容易ではありません。おまけに、仕事であまり分析作業が必要でない場合や、チームに分析力に秀でた人がいる場合は、あえて分析力を向上させる必要もないでしょう。

仕事に役立つ演習を紹介します。現在の仕事で高く評価されるには、どのタスクを完璧にこなす必要がありますか？ いくつか挙げてみてください。次に、そのタスクとあなたの強みや弱みとの相性はどうですか？ あなたのスキルとは合わない重要なタスクがあれば、そのタスクをチームの誰かに任せてはどうですか？ その方法でうまくいきそうか分析してみてください。たとえば、今や多くのビジネスでテクノロジーやソーシャル・メディアの手腕が必要とされています。リーダーは直ちにテクノロジーに精通する必要も、使いこなす必要もありませんが、チームのなかにテクノロジーに強い人を一人は確保しなければなりません。

これらを判断するには、まずは自分についての認識を高め、それから完璧に仕事をこなすにはどんな選択肢があるかを考えます。優れたリーダーは、万能でなくてもいいことや、むきになって一人ですべてをやる必要もないことに気づきます。そして自分の特徴を把握し、必要なスキルをもつ人材をチームに入れ、うまく権限を委譲することを学ぶのです。

強みと弱みは絶対的なものではありません。仕事やタスクによって相対的に変わるからです。仕事が変われば、それに応じてあなたの強みと弱みも変わります。たとえばビジネスパーソンと大学の国語の先生とでは、仕事で求められる文章力はまったく違います。マネジメントスキルも、五人の従業員を率いるのと、たくさんの部署の五〇〇人の従業員を束ねるのとでは、全然違うはずです。今の仕事（または将来就く仕事）でほぼ完璧にできなければならない三つか四つの重要なタスクを選び、あなたの能力がそのタスクで求められるレベルを満たしているかを判断しなければなりません。「この仕事をそつなくこなすにはどんなスキルが必要か？」——折あるごとにこれを自問してみてください。

フィードバックをもらう、仕事に求められる能力について徹底的に考える、自分のスキルに合う仕事と合わない仕事は何かを考える——二番目のプロセスでは、これらの能力をさらに磨く必要があります。

自分の強みと弱みを知ることは、リーダーになるのに欠かせない土台のようなもの。自分の信念を知り、経営者マインドで行動したいなら、自分のスキルを把握しましょう。自分のスキルと限界がわかれば、状況を把握したり、行動計画を練ったりするときに、誰かの協力を仰ぐ必要があるか否かを判断できるようになります。

情熱

自分のスキルがわかったら、今度は自分が何をやりたいのかを知る番です。「情熱」は良いパフォーマンスを維持するためのロケット燃料のようなもの。分析作業をするとき、戦略を練るとき、会社のビジョンと優先事項に頭を悩ませるとき、優れたリーダーとしてその他の仕事をするときも、自分の仕事が好きだと、または会社のミッションを信じていると、仕事がつらいと感じにくくなります。どんなに仕事が好きでも、ついてない日、ついてない週、ついてない月はあるものです。自分の仕事に情熱を持っていれば、そのようなときも乗り越えていけるのです。

自分を知ることとは、自分は何が好きか、何に情熱を抱くかを知ることでもあります。あなたが好きなことは、仕事、年齢、世の中の変化などさまざまな要素によって変わるでしょう。ですから、自分の情熱の対象を知る作業は生涯続ける必要があります。これはあなたの責任において行う、人生の課題なのです。

第二の人生

先日、ジョンという七四歳の男性に会いました。企業の経営者だったジョンは、退職後の第二の人生を模索しているところでした。「引退をしくじってしまってね」と彼は冗談まじりに言いました。会社を売却して、日々の仕事から解放されるなんて最高じゃないかと、最初は思ったそうです。退職して最初の七ヶ月間は妻や家族と一日中過ごせることに喜びを感じました。しかし元気で健康だったこともあり、まだ何年も活動できそうだと思うようになったそうです。世の中と関わりたいとの思いもありました。社会の役に立ちたい、傍観者にはなりたくないと思いました。人生の第二章をどうしたらいいか、ジョンはアドバイスを求めて私に会いに来たのです。

「どんな仕事が好きですか？」私は訊ねました。

数分ほど黙って考えた後、ジョンは口を開きました。「お恥ずかしいことに、わからないのです。会社のエグゼクティブという立場は気に入っていましたが、どの仕事が楽しいかなんて、もう何年も考えたことがありません」

よくある答えだったので、私は特に驚きませんでした。そこでかつてのことを思い出してくださいと促しました。「ジョン、あなたの人生のハイライトを思い出してください。何をしていましたか？　タスクは何でしたか？　なぜそれを好きだと思ったのですか？　あなたが最高に輝いたのはなぜだと思いますか？」

皮肉にも彼は、どんなに考えても職場での最高の瞬間を思い出せませんでした。しかし、週末にハビタット・フォー・ヒューマニティ（訳注：家を建てることで人々を支援する国際支援団体）のボランティア活動に参加したときのことを思い出しました。元々は会社によるボランティア企画でしたが、ジョンはすっかり夢中になったそうです。理由を訊ねると、仲間たちとの交流、家という形のあるものを作る作業、それから家を失った家族を助けるという使命感に燃えたことが忘れられないと言うのです。そのボランティア活動中、彼は生命力にあふれ最高に輝いたのです。

「そのプロジェクトにおいて、一番やりがいのある体験は何だと思いますか?」と私は訊ねました。「私はリーダーとしての経験を生かして、会社組織のときと同じようにチームをまとめ、グループ作業を行いました。建築技術の学び方を指導し、どれが重要な作業なのか見極め、その作業を何とか取り仕切り、みんなで協力して作業をしました。あれは誰にとっても貴重な経験だったと思いますよ。みんなで助け合いながら作業したんです」

「なるほど。その経験を踏まえて、あなたが好きなことは何だと思いますか?」

その後数週間かけて、ジョンは自分の身の振り方を考えました。地域のなかで、自身の経営管理能力や指導経験を生かせるプロジェクトがないか探しました。最終的に、能力を生かせそうな非営利団体を二つ見つけ、両方の組織の取締役に就任しました。そのうちの一つでは取締役会の議長に就任し、どちらの団体でも積極的にCEOの指導にあたりました。しばらくして、ジョンが近況報告に来ました。「実に楽しいよ」とのことでした。彼は人生の次のステージへ進む道を見つけたのです。第二の人生は当初思い描いたものとは違いましたが、社会とのつながりを取り戻したジョンは、生き生きしてエネルギッシュでした。それというのもジョンが情熱を取り戻したからに他なりません。

人生の節目では、自分は何が好きなのかを見極めなければなりません——キャリアをスタートさせるとき、仕事上の転機が訪れたとき、そして仕事から解放されたと思ったときですら。意識を高めて自分の好きなことや情熱を抱くものが把握できるようになると、予期せぬ方向へ進むこともあるでしょう。しかし、進んだ先にすばらしいことが待ち受けていることもあります。私自身もハーバード大学の教授になるなんて予想だにしませんでした。人生の選択肢に入れたこともありません。しかし、自分が情熱を抱くものがわかるにつれて、これは私の天職だと思うようになりました――少なくとも「現時点では」。

この現時点という一言に関わるもう一つの重要なポイントがあります。つまり、世の中は変わっていきます。誰もが変わっていくのです。あなたが好きなことも変わるでしょう。変化を見落とさないようにしてください。

実のところ、人間は生涯ずっと誰かの役に立つことができます。自分は何が好きなのか見極めることを習慣にしてください。それがわかれば自分を輝かせることができます。おまけに自分が好きなことを知っていれば、職場で仕事の構成を考えるとき、部下に任せる仕事を選ぶとき、人生の節目でやりたい仕事を見つけるときに、最良の判断ができます。

あなたのストーリー

これまでのあなたの人生は、リーダーシップスタイルや行動パターンに大きく影響しています。人生のさまざまな出来事が人格を形成するからです。といっても、ことはあなたが想像するよりもやや複雑です。私たちの頭のなかには、三種類の人生のストーリーがあるからです――すなわち基本的な事実、成功談、失敗談です。

人生の基本的な事実は言うまでもありません。人生の主な出来事を時系列に並べた年表です。出来事なんて明白じゃないかなどと言わず、ゆっくり時間をかけて紙に書いてみてください。年表を書くだけで、過去の出来事をはっきりと思い出せます。いつの間にか記憶から抜け落ちてしまったものの、意識の片隅に残っていた出来事も出てくるはずです。過去が明らかになることで、何かが腑に落ちたり、今まで気づかなかった行動パターンに気づいたりするかもしれません。

成功談とは、基本的な事実をポジティブに解釈したものです。ほとんどの人は成功談を語り慣れているので、ここであえて「もっと成功談を語りましょう」と訴えるまでもないでしょう。おまけにみんな成功談を語るのが実にうまいですし。成功談とは、自分の人生の出来事を、障害に遭遇して乗り越え、挫折を経験して立ち直るといった刺激的な話にして勝者の口調で語ることです。さまざまな紆余曲折を経るものの、おちはいつも同じ――あなたが英雄《ヒーロー》になる話です。たとえ自分の成功を控えめに表現して、失敗や挫折を率直に打ち明けたとしても、失敗はポジティブなものと解釈されます。結局のところ、あなたはその経験を糧に成長できたのですから。

成功談のやっかいなところは、たとえ他人には成功談を語っても、心のなかで自分に語りかけるときはそうはならないことです。実際、どんなに生き生きと成功談を語る人も、そのストーリーを全面的に信じていません。そこには「敗者の口調」、ときに「自己不信」

とも呼ばれる口調が混ざります。

人生の同じ出来事を、不確実、不安、自己不信の視点で語ったものが失敗談です。通常そのような話は心のなかにしまっておき、人に話すことは滅多にありません。数々の心配事、自分の性格に対する否定的な感情、自分の能力への不信感、他人を信じるなどの警告の話かもしれません。そんな話をめったに、またはまったく口にしなくても、頭のなかで失敗談は語られています。あなたが激怒したとき、はっきり意見を言えないとき、打算的に立ち回るとき、自分の信念を見つけられないとき、あなたの心のなかで敗者の口調が語りかけているかもしれません。そのような複雑な感情を抱くきっかけとなるのは、人生でのつらい経験です――たとえば親とのぎくしゃくした関係、解雇されたこと、信頼していた人に裏切られた経験、恋人との別れ、昇進を見送られた経験など。

たとえあなたが成功談を書かなくても、大きな問題ではありません。しかし、失敗談は是非とも紙に書いてください。たとえ人に見せる気がなくても、書く価値はあります。

なぜこんな心が痛くなりそうな演習をやるのでしょうか？　敗者の口調を表に出すのは、みじめな気持ちになるためでも、心のなかからこの口調を追い出すためでもありません。そんなことは無理でしょう。この演習を行うのは、敗者の口調を意識するため、その口調が自分の行動に与える影響を意識するためです。敗者の口調は、リーダーになろうと努力するあなたの足を引っ張っていませんか？

あなたにはわかりますか?

ネガティブな声

業績の良い大手テクノロジー企業で働くアンは、敏腕副社長として活躍していました。米中西部の高校を首席で卒業した後、大学もクラスでトップの成績で卒業。これまでの人生では挫折とはほぼ無縁でした。高校時代は水泳部のスター選手で、ピアノもプロ並みの腕前。大学を卒業する際には、今の会社を含めた多くの会社から内定をもらいました。

ある日、アンの大学時代の担当教授が私に連絡をくれました。アンの相談に乗ってほしいとのことでした。教授の話によると、アンは今の会社を辞めようかと悩んでいて、教授は彼女の退職理由とその判断を心配していたのです。

私のオフィスに来ると、アンは自分の考えを話してくれました。「会社で力不足を実感していて、それで転職を考えているんです」

「力不足を感じるその根拠は?」

「思うように昇進できていませんし、今の会社で働き続けるとなると将来が不安なんです」

そこでアンに入社してから五年間の出来事を時系列で教えてもらいました。アンの話によると順調に昇進し、成績は上位二五%、報酬も上位二五%に入っていました。早い話が彼女は実に優秀な社員で、会社でも明るい未来が約束されているように見えました。では、何が不安なのでしょうか？　アンはうまく説明できませんでしたが、うまくいっていないと漠然と感じていたのです。

私は切り口を変えて、これまでの人生を話してくれと頼みました。彼女の話を聴いた後、私は「敗者の口調」について説明して、アンに自分の敗者の口調について考えてもらいました。「あなたがもっとも自信がないのはどこですか？　なぜ自分を信頼できないのですか？　過去の経験とどう関係していますか？」

アンは数分ほど考えていました。それから、いつも自分の知性と判断力に自信がもてなかったと話してくれました。「両親が厳しくて、いつも『もっとできるはずだ』と言われてきました。子どもの頃には、嫌なことがあると、それを夕食の席で報告するのが億劫でした。親をがっかりさせたくなくて。両親は今も健在です。両親との関係は前よりもうまくいくようになりましたが、いまだに自分に自信がもてないんです」

「あなたが転職したい理由は、職場で任されている仕事のせいですか、それとも不安、つまり会社で昇進するにつれて失敗するのが怖くなるからですか？」

アンは確信がもてませんでした。しかし、心のなかのネガティブな声が原因かもしれないと知って安心したようで、よく考えてみると言って帰っていきました。

六ヶ月後、アンから連絡がありました。この間、彼女は失敗談を書き、敗者の口調について考えてみたそうです。親しい友だちと敗者の口調について話し合い、メンタルヘルスの専門家にも相談したそうです。さらには実家へ帰って、両親ともこの口調について議論しました。両親は娘を思って発破をかけたつもりが、思いがけず娘の足かせとなっていたことに愕然としました。

こうした努力のおかげでもやもやする感情は消えましたが、アンにとってはつらい経験でもありました。しかし、会社と社内での自分の将来を新たな視点で見るきっかけになったそうです。そして、ネガティブな感情は会社のせいではなく、これまでの人生経験によるものだと気づきました。

最終的に、アンは会社にとどまって仕事を続けることを選択しました。今では、不調な日は外部で嫌なことが起きたからではなく、自分の気持ちが原因かもしれないと気づくようになったそうです。

人生では、あなたの能力が足りないときもあれば、状況にうまく対処できないときもあります。しかし、それも長い人生の一過程です。私自身も何度失敗し、レベルに達しなかったことか。私もこの演習は好きではありませんが、自分は何がきっかけで敗者の口調に陥りやすいか気づくようになりつつあります。私自身がより良いリーダーになろうと努力する今も、敗者の口調のせいだと気づくと、心のバランスを保ち、困難な状況に陥っても過剰に反応せずに済みます。

価値観と境界線

誰もが何らかの価値観を持っています。価値観は、信念――勤勉、信頼、家族愛、不運な人を助けること、善良な人間であることなど――などから成り立っています。

価値観は結局のところ「境界線」につながっています。境界線とは、私たちが守ろうと心に決めている倫理的な制約のことです。たとえば「嘘をつかない」「人をだまさない」「盗みをしない」「人を殺さない」など。

それがリーダーになることと何の関係があるのかって？　経営者のように考えるということは、たくさんの相反する事柄や利害関係を秤にかけることでもあります。たとえば法的な要素、道徳的要素、経済的要素のバランスを取らなければなりません。株主、顧客、従業員、地域社会などの利害も考慮しなければなりません。重要事項を念頭に置きつつ、さまざまな利害関係者も考慮すると葛藤が生じます。全員を喜ばせることはできないため、どのグループのニーズを満たすか選ぶことになります。そうなると、さまざまな選択肢の賛否両論を秤にかけて、物事を決定しなければなりません。その決定には、「あなたの性格」や「あなたの信念」が反映されますが、信念は価値観や境界線と密接に関係しているのです。相反する要素から選択するとき、そして意思決定を下すとき、私たちの価値観や境界線は判断基準の核となるのです。

そのような状況では、自分の性格を認識するのはもちろん、自分の行動が誰かに影響を与えたらその責任を取る必要があります。経験豊富なリーダーはそのことをよく知っています。問題が生じるときは、大抵は意見が割れますし、立ち止まって自分の価値観や境界線を見つめ直す時間もありません。上司、うるさい顧客、家族、友人、そして「今すぐ何とかしろ」と迫る外圧にも対応しなければなりません。そのときに、自分の性格や信念があいまいなままだと、ふとした思いつきでいつか後悔しそうな判断を下す恐れがあります。

こうした現実を踏まえて、自分を知ることも責務の一つと考えて、試しに紙に自分の価値観や倫理的な境界線を書いてみてください。初めてやる人は、心がざわつくかもしれません。ある程度完成したら、友人や家族と話し合ってみましょう。さらに正確を期すために、仲の良い同僚や従業員にも話すといいでしょう。それだけの価値はあります。自分の価値観や倫理的な境界線がもっと知りたくなりますし、周囲の人たちも、あなたがこうした問題に真剣に取り組んでいることを高く評価してくれるでしょう。

嘘をついてもいいですか？

私の友人のジムは、先日会社のある部署の部長に就任しました。昇進して数日後、ジムは部署のメンバーを全員集めて対話型のミーティングを開きました。そのとき、一人の部下がこんな質問をしました。「嘘をついてもいいんでしょうか?」

ジムは少し驚いたものの、すぐに率直に意見を述べました。「基本的に嘘はいけないと思うけど、事実を曖昧にしておきたいときや、顧客を動揺させないために事実を伏せておきたいときはあるだろうね」

ジムは次々と質問に答えていき、ミーティングは終わりました。ジムはその問いについて考え直すことはありませんでした。三ヶ月後、ある顧客が怒った様子でジムに電話をかけてきました。部署の一人からだまされたというのです。ジムは首をひねって、顧客をなだめました。「この件は私が調査します。ご安心ください。当社には倫理規準がありますし、お客様をだますような行為は決して容認しませんから」

ジムは人事部へ行き、担当者と一緒に問題の部下を呼んで、説明を聴くことにしました。「部長の言う通りにしただけです」部下はそう自己弁護しました。

「顧客に嘘をつけとも、だませとも言ったことはない!」ジムは語気を強めて否定しました。部下は一歩も引かず、ジムが開催した対話型ミーティングを指摘して、ジムの言葉をほぼそのまま引用してみせました。

ジムは気分が悪くなりました。自身の倫理観や顧客対応にまつわる許容範囲について、まさか部下に誤解されるとは思わなかったのです。部下には厳重注意して謹慎させました。

ジムはまた、価値観や倫理的な境界線について部下に話すときは注意が必要だと学びました。この苦い経験から、ジムはこの種のテーマについては前もって答えを準備しておかなければ、知らない間に大きな問題に発展して、責任を取らされる恐れがあると身をもって実感しました。

倫理的な問題や価値観などといった組織の姿勢はトップが決めるものです。つまり、決めるのはあなたです。自分の価値観と境界線について考え、それを慎重に部下たちに伝えてください。嘘、多様性、賄賂、人を公正に扱うといったテーマは、しっかりと考えて、誤解のないよう明確に伝える必要があります――それはリーダーの仕事です。

二つのプロセスを行う意味

これらのテーマは、あなたがリーダーになるうえでどう影響するのでしょうか？　あなたの責任感と何の関係があるのでしょうか？

リーダーという責任ある立場になると、さまざまな要素を考慮し、複数の利害関係者への影響を分析しなければなりません。しかし、この作業を一人で適切にやろうとするのはほぼ不可能です。とはいえ、本章で紹介した二つのプロセスをマスターすれば、今まで以上に経営者として考え、行動できるようになります。

ほとんどの人は、練習と経験を積み重ねることでビジョン、優先事項、方向性の確認をマスターします。しかし、自分について学び続けることはつい怠りがちです。自分を知ろうとする習慣が身につかない人もいます。むきになったとき、本章で紹介した演習をやるのが面倒になったとき、人間関係で悩んでいるとき、人生観が変わったときには、自分を知るプロセスを習慣化している人ですら、このプロセスをやるのがつらくなります。結局のところ、このプロセスは努力によって続けなければならず、自分の性格や行動を分析する気になれないときにも、その気持を乗り越えなければなりません。

二つのプロセスを同時進行で行うのは、最初は少し大変でしょう。しかし、両方をしっかり続けるうちに慣れてきます。二つのプロセスを続けるには、人々の助けが必要です。ほめ言葉、おもしろい発見、友人や同僚からの励ましの言葉でもあれば、続ける意欲がわきます。あるいは、友人が介入してきて、あなたの耳に痛いことを忠告してくれるかもしれません。そうやって話し合ううちに、窮地を脱したり、孤立状態から抜け出たりすることもあるでしょう。

いずれにせよ、このプロセスでは人との関係が欠かせません。人との関係の築き方や協力の仕方については、次章でお話しします。

やってみよう

●あなたの部署（または会社）に対してあなたが思い描くビジョンを紙に書いてみましょう（あなたの役割に合わせて）。それを実現するために、あなた（または会社）はどうやって独自の価値を創造しますか？　あなたが今の活動を止めたら、世の中から何が失われますか？

●そのビジョンを実現するために欠かせない優先事項は何ですか？三つか四つ挙げてください。優先事項が五つ以上ある人は、そのリストを三つか四つに絞り込むために、どの選択肢を削りますか？リストを絞り込むために、どんなプロセスが必要ですか？

●あなたが描いたビジョンおよび優先事項と組織の方向性とを照らし合わせてください。組織の方向性は正しいですか、それとも外れていますか？　紙の真ん中に縦線を引いて二等分にし、一方の欄には方向性が正しい項目を、もう一方の欄には方向性から外れている項目をそれぞれ書き出してください。この演習から何がわかりましたか？　外れている項目は、どのようなプロセスで対処しますか？

●今の仕事に対するあなたの強みと弱みをリストにまとめましょう。あなたの仕事ぶりを日常的に観察できる人で、そのリストについてコメントできる人を三、四人選んでください。その人たちと話し合い、必要に応じてリストを修正します。この演習から何を学びましたか？

●敗者の口調で書いてみてください。その口調はあなたのリーダーシップにどう影響していますか（良い影響も悪い影響も）？　経営者マインドを実践しようとするときはどう影響していますか？　率直に意見を述べたいとき、ある程度リスクを覚悟で行動したいときはどうですか？　敗者の口調で書いてみた結果、何か目新しい発見はありましたか？

●手前の二つの演習をやった結果、経営者マインドを実践するためにどんな対策を講じるといいと思いますか？　たとえばお金を貯める、あなたの情熱に合った仕事を見つける、友人や家族との関係を大切にしてもっとバランスの良い生活を心がける、など。

第４章

真の人間関係を築く

自分をさらけ出し、グループの力を活用する

自分をさらけ出せるほど信頼し
尊敬できる人がいますか?

どうやってコミュニケーション能力を
高めていますか?

部下や同僚からたえず
フィードバックを得ていますか?

多様な人材を集めたグループをつくって
戦力化していますか?

孤立を避け、学び続け、第3章で紹介したプロセスをやりぬくには、人々の協力が必要です。というのも、経営者になったつもりで自分の信念を見極めるには、人々からアドバイスやフィードバックをもらうだけでなく、彼らにも参加してもらわなければならないからです。

世の中は実に複雑であり、一人ですべてを把握することはできません。孤立している人は、おそらく自分の盲点に気づいていません。他の人々が持つ専門知識やあなたとは異なる視点を利用すれば、物事をより明確に見ることができます。あなたが恐怖心や不安を克服したり、挫折を乗り越えたりする際にも、人々が助けてくれるでしょう。

人のもつ個性はそれぞれ異なります。そのため、人々との交流をきっかけに新たな見識を得て、能力が開花する人もいます。人間関係にはそれほど強力な力があるのです。

たとえばある状況で、あなたが確たる方針を決めたときにも、人々はあなたに貴重なアドバイスを提供してくれますし、いざ行動計画を練る段階になっても、あなたに足りないスキルを補ってサポートしてくれます。さらに、彼らがそのプロセスの遂行に強い責任感を抱けば、行動計画を実行する際にも強力な助っ人となってくれるでしょう。

人間関係を築く際には、あなたのコミュニケーション能力、共有する能力、アイデアを説明する能力が問われます。さらには、悩みを打ち明け、フィードバックやアドバイスを請い、相手の話を素直に聴き、必要であれば自分の行動や考えを見直すだけの柔軟性も必要です。これらのスキルはすべて鍛えて伸ばしていく必要があります。

孤立のリスク

前述したように、リーダーは孤立を避けるために何らかの対策を採らねばなりません。エグゼクティブや野心的なリーダーは、十分に孤立対策を施していると思い込みがちです——しかし困った事態に陥ると、そうでなかったと気づきます。ビジネス上の難題にぶつかったときや、自身に関するアドバイスが必要なとき、彼らは往々にして相談相手やアドバイスをくれる人が見つからなくて苦労するのです。

本章では、人と協力するための重要な要素についてご説明します。といってもよくあるアドバイスとは違います——好印象の与え方、説得力のある話し方、人を魅了する方法といった話ではありません。もちろん、こうした能力がある方が有利には違いありませんが。本章ではむしろ、振る舞い方や他人との接し方を学びます。たとえばあなたの情熱を人に話す、アイデアを共有する、悩みや不安を打ち明ける、他人の意見を求める、相手への理解を深めるために質問する、人の話を素直に聴く、フィードバックやアドバイスを請う、などです。

仲間たちと効率よく仕事をするには、一対一でのやり取りとグループでのやり取りの両方が必要になります。協力して働くには、両方をマスターしなければならないので、人と交流する手腕を向上させる方法についてもお話しします。

人間関係で重要な三つのこと

最初に「人間関係」という言葉を定義します。

実によく聞く言葉ですね？　とはいえ頻繁に使われる言葉なのに、「リーダーシップ」と同様、意味は共通に認識されていないようです。人間関係と聞くと、大抵の人は愛する人や好きな人を思い浮かべます。私が人々に人間関係について訊ねると、相手はいつも恋人、家族、親友、または好意を抱く人の話をします。ところが、「デリケートな問題があると、誰に相談しますか？」と訊ねると、彼らはしばしば「どうせ親友も恋人もわかってくれないでしょうから」とか「口が固くないから」などと言い出します。要するに、人間関係を築いているはずの相手に、悩みを打ち明けられない理由を並べ立てるのです。

愛情や愛着があっても、必ずしも互いに有益な関係が築けるとは限りません。では、まずは客観的に定義してみましょう。人間関係には以下の三つの要素が必要です。

●相互理解

●互いへの信頼

●互いに対する尊敬の念

ちなみに「愛情」はこの定義には含まれません。皮肉なことに、同僚、友人、上司、部下などの周りの人々から愛されようとどんなに努力しても、持続的な関係を築くには、互いへの信頼、理解、尊敬の念のほうがずっと重要になります。信じられない人は、事前の告知もなく部下のボーナスを下げて、相手にとって寝耳に水のような批判的なコメントで言い訳してみてください。それまでにあなたが注いできた愛情や思いやりを持ってしても、相手の信頼を取り戻せないと思い知るでしょう。彼らはもう二度と「週末はどうでしたか?」とか「家族の皆さんは元気ですか?」とか「良い一日を!」などと親しげに話しかけて来なくなります。このような苦い思いを何度も経験した私は、好かれなくてもいいから互いの理解、信頼、尊敬の念がほしいと思うようになりました。

この三つの基準を満たしているか、あなたの人間関係を調べてみてください。おそらく一つか二つの基準を満たす関係はあっても、三つすべてを満たす関係はごくわずかでしょう。後でご説明しますが、これは誰もが取り組まねばならない課題なのです。私自身の経験から言うと、長続きする関係やいざというときに頼りになる関係を築くには、これら三つの要素がなければなりません。

仕事で戦略上の課題やプロセスに取り組むには、人間関係が不可欠です。重要どころか、自分を知るという難しいプロセスは、人との関係なしにはできません。会社の方向性を決定づける分岐点にさしかかったときにも、人々の協力を仰ぐことが重要になります。

頼れる人がいない

フランクとは非営利組織の取締役会で知り合いになりました。彼は四〇歳で、企業で管理職を務めていました。会社の中では有望株で、未来は約束されたも同然でした。ある日フランクが私のオフィスにやってきました。「最近の情報を聞きたいし、あなたとの交流も深めたいから」とのことでした。二五分ほど雑談した後、私はそろそろお開きにすることにしました。私は立ち上がって、握手して別れようとしました。てっきりフランクも同じように振る舞うと思っていましたが、彼は私の意図をくみ取らず、椅子に座ったままです。私は失礼を承知で、「今日は予定がつまっているので、そろそろ終わりにしなくては」と言いました。

それでもフランクは黙って座ったままでした。何か言いたそうです。彼が雑談を続けていたのは、一番話したかったことが切り出せなかったからだと私は気づきました。私は椅子に座り直して、訊ねました。「どうしたんだい、フランク？　何か言いたいことがあるのかい？」フランクの目に涙があふれてきました。私はグラスに水を注いで彼に渡すと、失礼をわびて、時間は気にせずに何でも話してほしいと伝えました。

「深刻な問題がありまして。今の仕事と会社は、ぼくのスキルや情熱にそこそこ合っていると思います。会社が目指す方向は正しいと思いますし、上司も同僚も好きです。ですがこの半年ほど、私は会社でかんしゃくを起こすようになり、家庭でも妻との関係がぎくしゃくするようになりました。いつもいらいらしていて、八つ当たりすることもあります。

「十代の頃からむらっ気があったんです。感情的になってはいけない、怒りを爆発させてはいけないと用心してました。数年前からは、腹が立ちそうになると、言い訳してその場を離れるようになりました。幸いにもこの方法はうまくいきました。ところがつい最近、会社で昇進して責任が重くなったのです。今は三五人の部下をまとめなければなりません。新しい仕事に就いてからはフラストレーションがたまり、感情を抑えられなくなりました。まだ上司から注意されていませんが、あと一、二回気に障ることがあれば、職場で怒りが爆発しかねません。どうしていいかわかりません。いろんな人間関係にも悪影響が出ています」

その問題について誰かに相談したことがあるかと私は訊ねました。「いいえ、誰にも話していません」とフランクは答えました。

「相談できる人はいないのかい？」

フランクは身近な人たちを一人ずつ口にして、相談できない理由を挙げていきました。

「妻はとっくに機嫌を損ねています。ぼくが仕事にかかりっきりで、家ではいつも不機嫌だからです。両親は、そんなことに悩むなんてわがままだと思うでしょう。『あまやかされて育った世代だから、今の境遇をありがたいと思わず、自分の気持ちばかり気にするんだ』と言うでしょう。友人も無理です。それぞれ悩みがあるでしょうし、ぼくが悩んでいると知ったら、ライバル意識の強い友人はほくそ笑むでしょう。兄弟も理解してくれないと思いますよ。いろいろな面でぼくとは違いますから。牧師もわかってくれないでしょうし、上司からはそういう人間なのかと思われてしまいます。同僚は、ぼくの弱みを知って付け込むかもしれません。こうやって考えていくと、やはり相談相手は一人もいないんです。

「ぼくがここに来たのは、あなたはビジネス経験が豊富で、ハーバード大学でこの種のテーマについて話していると聞いたからです」

フランクが話し終えると、「精神科医か臨床心理士にかかってはどうか」と私は訊ねました。フランクは驚いた表情を浮かべ、こう答えました。「まさか。絶対に嫌です。自分の問題は自分で解決するものですしね。最近は精神科医にかかる人が増えているようですが、こう言っては語弊がありますが、精神を病んだ人がかかる医者ですよね」

私はにやりと笑うと、過去に何度も精神科医にかかったことを打ち明け、今後もまたお世話になるだろうと話しました。「もちろん、私の頭がおかしいのではと疑う人もいるだろう。でもまじめな話、状況によっては精神科医に診てもらったほうがいいと思うよ」

フランクは慌てて謝り、私は気にしないようにと言いました。

「フランク。きみの悩みは、そんなに特殊なことではないんだよ。怒り、憂うつ、心配性などで悩んでいる人は多いんだよ。恥だと思う必要はない。誰だって問題を抱えているんだから。大事なのは、その問題にどう対処するかだ。きみは助けてくれそうな人に対して自ら壁を作っている。さしあたって、精神科医に対する偏見を見直してほしい。信頼できる医師を紹介するから、とりあえず一度診てもらうこと。一人で乗り越える必要はないんだよ。問題を解決するのを手伝ってくれる人との関係を築こうじゃないか。今すぐ始めよう。夫婦関係やキャリアに支障を来す前にね」

フランクは何も明言せずに帰っていきました。それから一週間ほどして彼から電話がかかってきました。精神科医を紹介してほしいとのことだったので、私は紹介しました。次にフランクに会ったのは約三ヶ月後。フランクがオフィスに来たのです。私はすぐに彼の態度や振る舞いが以前と違うことに気づきました。

「先生に診てもらいました。数回診てもらった後で、ぼくが患っているのは不安障害ではないかと診断されました。それで抗不安薬を試すことにしたんです。人間関係も含めた、ぼくのこれまでの人生についても話し合いました。今は治療のために週一回通っています。

薬を飲んでいるせいか、前よりも感情をコントロールできています。それから、ぼくは欠陥人間なんかじゃない、解決しなければならない問題があるだけだと思うようになりました。妻にはすべてを打ち明けました。夫婦関係はうまくいっていますし、これからも大丈夫だと思えるようになりました」

この話で言いたいのは、精神科医にかかることの良し悪しではありません。いざというときに悩みを打ち明けたり、問題を相談したりできるよう、人との関係を築いておいてくださいということです。フランクは知り合いが多いほうだと思っていました。ところが実際に深刻な問題にぶち当たると、誰にどう頼っていいかわかりませんでした。彼は偶然私にたどり着きましたが、今後は互いに理解し合い、信頼できて尊敬できる人と関係を築くよう努力する必要があるでしょう。

人間関係の築き方

人間関係を築き、その関係を深めるには、以下の三つを行う必要があります。

●自分をさらけ出す
●相手に質問する

●アドバイスを求める

それでは一つずつ説明していきます。

自分をさらけ出す

「自分をさらけ出す」とは、自分の話をして、みんなにあなたを理解してもらうことです。たとえば、あなたが夜も眠れないほど悩んでいることは何ですか？ 熱中していることは何ですか？ あなたの人生でこれまでに起きた重大な出来事は何ですか？ その出来事はあなたの行動にどう影響していますか？――こうしたプライベートな話をすると、人々はあなたという人を前よりも理解できるようになります。さらに、あなたがわざわざ時間を割いてプライベートな話を打ち明けることで、相手への敬意が伝わるでしょう。おまけに打ち明け話は信頼も築きます。プライベートな情報を共有することは、あなたが相手を信頼していることを裏付ける行為です。それを見て、相手もまたあなたを信頼できる人だと感じるでしょう。

大抵の人は用心深く、その傾向は特に職場で顕著になります。というのも、人は元々自分の考えを他人にさらけ出すべきではないと感じるからです。あなたが職場やプライベートで壁を作っているなら、周囲の人もあなたにプライベートなことを打ち明けたがらないはず。まさに悪循環です。距離を保ったままの関係が定着すると、相互理解どころか、尊敬も信頼も夢のまた夢です。問題が明らかになるのは、助けやアドバイスが必要になったときです。そのような事態になったとき――緊急事態は誰にでも訪れます――一晩で人との絆を作ることはできません。人間関係は時間をかけて築くものだからです。

言うまでもなく、会社に人間関係を育む社風があれば、ことはずっと簡単です。しかし残念ながら多くの企業では、同僚との信頼関係が薄く、プライベートな秘密を話しにくいネガティブな雰囲気があります。誰かが秘密をもらすか、あるいはその疑いが生じようものなら、関係をつくる努力が水の泡になってしまいます。管理職は決して秘密をもらさないよう注意し、チームを作るとき、または組織を運営するときは、自ら模範的な行動を取ることです。

相手に質問する

リストの二番目。要するに質問することですが、ここでの意味は「相手への理解が深まるような質問をする」ということです。何だそんなことかと思うかもしれませんが、実のある情報を引き出せるような仕方で質問を立て実際にそれができる人は多くありません。

過去の経験を振り返ってみてください。出張や合宿や修学旅行などでしばらくの間人々と集団活動をしたときに、同行者たちとの垣根を取り払うような質問を一つでもしたことが、何回ありましたか？　うるさい奴だとか詮索好きな奴だと思われるのが嫌で、質問を控えた人もいるでしょう。その直感が正しいときもあります。しかし多くの場合、人間にはこんな傾向があるのです――（一）人から質問されるまで、プライベートな話をしたがらない、（二）質問されるとうれしい。

誰かがあなたに質問したときのことを思い出してください。相手があなたを知りたがっているのをみて、まんざらでもない気持ちになったのでは？「この人は私に関心があるのだな。私に敬意を払ってくれている」と思いませんでしたか？　一番難しいのは最初の一歩です。初めて会う人とスムーズに関係が築けるように、質問の仕方を学んでおくことです。

ハーバード・ビジネススクールの上級プログラムには、エグゼクティブたちが参加しています。そのうちの一部の授業では、「長年の知り合いのなかから五人選んで、質問してきてください」という課題を出します。質問する相手は、両親、配偶者、上司など、長年付き合いのある人なら誰でも構いません。総じて彼らはこの課題に尻込みします。そこで、課題がスムーズにこなせるよう、質問を紙に書いて準備すると共に、「ハーバード大学からこんな課題を出されたんだよ」と愚痴りながら質問に入りなさいとアドバイスします。ところが、課題を終えた後の彼らに「どうでしたか？」と訊くと、彼らは概して「こんなに中身の濃い会話をしたことはありません」と報告してくれます。質問された相手は喜び、これまで以上に自分の話を打ち明けてくれたそうです。「相手のことは何でも知っているつもりでしたが、勘違いだったと実感しました」とも語ってくれます。身の上話、トラウマ、後悔、熱い思い――質問するという課題をきっかけに、こうした話が次々と出てくるのです。この課題をやると、相手との距離がぐっと縮まります。エグゼクティブたちは、最初この課題に尻込みしたことを笑うと共に、もっと前から質問する練習をしておくべきだったと残念がります。人を知りたいとき、人と関係を築きたいとき、質問は強力な武器になる――彼らはそのことに気づき始めるのです。

アドバイスを求める

自分をさらけ出すこと、そして相手を知るために質問することを学んだら、アドバイスを求める下地は整ったも同然です。アドバイスを求めることは、相手に敬意を払うことでもあります。意見やアドバイスを求められたら、大抵の人は面倒がるどころか、得意になります。私などは人からアドバイスを求められると、自分には価値があるのだな、必要とされているのだなと感じます。自分に自信が持てるようになるのです。

良いアドバイスをもらって、人生が一変することもあります。こちらから良いアドバイスを提供すると学ぶことがありますし、相手との距離も縮まります。これほどメリットがあるのに、相手に面倒をかけたくない、相手に弱みを見せたくないなどの理由で、アドバイスを求めるのをためらうとは。皮肉と言うより他はありません。

知っているようで実は知らない

私はリーダーたちと個別に会う以外にも、企業の上級管理職グループと会うことがあります。その際に、〈打ち明ける〉、〈質問する〉、〈アドバイスを求める〉という一連のプロセスの効果を知ってもらうために、グループで演習を行うことがあります。たとえば、先日私はある一流の専門サービス会社の上級管理職一五人と話し合う機会がありました。その際に、隣同士でペアを組んで、次の演習を行ってもらいました。

【ステップ一】あなたに関することで、ペアの相手が知らないことを紙に書きます。書き終わったら、相手に見せます。交代して、今度は相手が同じプロセスを繰り返します。相手が書いたり、話したりしている間は、邪魔しないこと。持ち時間は五分。

【ステップ二】ペアの相手がどんな人かを知るために、質問を一つ書きます。書き終わったら、相手にそれを質問し答えを聴きます。交代して、同じプロセスを繰り返します。相手が書いたり、話したりしている間は、邪魔しないこと。持ち時間は六分。

【ステップ三】あなたがコンプレックスに感じていることを一つ書きます。それを相手に見せて、それにどう対処したらいいか、アドバイスをもらいます。次に、交代して同じプロセスを繰り返します。持ち時間は七〜八分。

【ステップ四】この演習から何を学びましたか？

「ぼくたちは一〇年以上の付き合いだけど、こんなに充実した会話をしたことは一度もないよ」とグループの人々は言いました。ほんの二〇分程度のやり取りが彼らにとって最高の会話となるなんて、実におもしろいではありませんか。

その理由がわかりますか？　事業の運営に悩んだり追われたりするうちに、時間を割いて自分のプライベートを打ち明けることも、同僚に個人的な質問をすることも、重要なことを相談することもなかったからです。この演習を終えた彼らは、「前よりも相手のことがわかった」、「互いの理解が深まった」、「相手への信頼感が増した」、「前よりも尊敬できるようになった」などと答えてくれました。

さらに議論を行ったところ、彼らは電子メールやメモで伝達したり、用件のみを慌てて話したり、ビジネスで頭がいっぱいになったりしているうちに、人間関係を築くために最低限必要なことに時間を使っていないことに気づきました。強固な関係を築かなかったせいで、チームのメンバーの互いに対する理解、信頼、尊敬の念は年月の経過と共にむしばまれていったのです。その結果、社内でのやり取りがスムーズにいかなかったり、同僚や会社に疎外感を抱く人もいました。彼らはビジネスをどこか他人事のように感じ、意思決定がうまくいっていなかったのです。この簡単な演習をやった後、彼らは経営者のように主体的に行動するには、人間関係を築くよう努力しなければならないと気づきました。関係を築くことで、互いに対する理解や尊敬の念や信頼感が増します。そしてそれが最終的に優れたリーダーシップへとつながるのです。

フィードバックを求める

自分の強みや弱みを知るには、あなたをよく見ている人からフィードバックをもらわなければなりません。

本書で紹介する他のコンセプトと同様、このことも実に簡単に思えるでしょう。にもかかわらず、フィードバックをもらっている人はほとんどいません。頼みにくいとか、ハードルが高いと感じるようです。一般的に人は他人を怒らせるのが嫌で、あえて批判的なコメントや建設的なアドバイスをしようとは思いません。ですからあなたは自分の仕事ぶりをよく見ている人を探し出し、その人にフィードバックを頼む必要があります。彼らがもつ実に貴重な情報は、あなたから頼まなければ手に入らないのです。

キャリアをスタートさせたばかりの若手社員の場合は、たとえ本人が望まなくとも、上司がフィードバックをくれます。大小どの企業も、有望な若手社員を鍛え指導するシステムが整っています。しかし若手社員は、是非ともこのプロセスを自ら進んで行ってください。自分の強みと弱みを知る責任を担ってほしいのです。あなたの強みと弱みは、あなたの今の仕事や将来やりたい仕事に関係しています。ですから是非とも強みと弱みを知ってください。

それには、あなたをよく見ている人からフィードバックをもらうことです。また、年度末査定が来るまでフィードバックを待とうなどと思わないこと。社員にとって年度末査定は「判決」のようなもの。この時点で勤務態度を改善しても、報酬や昇進にまつわる評価を覆すには遅すぎます。年度末査定の面談で初めて建設的な批判を受けた人は、その一年間は期待通りの仕事をしなかったと考えられます。結果的にそれはたいしたことではないときもあれば、それでキャリアが台無しになるときもあります。査定のだいぶ前から積極的に周りの人からフィードバックをもらっておけば弱点を補えたのに、何もせずに放置した社員が私の周りには大勢います。

なぜ人々は――とりわけ今後のキャリアがかかっている若手社員は――この責任を積極

的に果たそうとしないのでしょうか？　いろいろな理由が考えられます。

●批判を聞きたくないから。建設的なフィードバックは、言われてうれしいことばかりではありません。彼らにとってフィードバックは、病院へ注射を打ちに行くようなもの。誰かに背中を押されるまで、できれば行きたくないところなのです。

●フィードバックを頼むことで、「相手に迷惑がかかるから」、「相手に弱みを見せたくないから」、「困っていると思われたくないから」などの理由。確かに数日おきにフィードバックを頼むのはやりすぎです。だからといって、まったく頼まない理由にはなりません。前述したように、あなたがお願いすれば、相手も悪い気はしないはず。おまけに自らスキルを磨こうとするあなたの姿勢を見て、尊敬の念を抱くでしょう。

●フィードバックセッションは、上司に気に入られるための場だと考えているから。そう考えても問題はありませんが、実のある会話をするよう心がけてください。つまり、能力アップを図るために、上司から率直なコメントと建設的な提案をもらう場にすることです。

もちろん、こんなに居心地の悪い思いをするぐらいなら、起業するほうがましだと思う人もいるでしょう。経営者になれば自分のやり方を通せるし、上司のご機嫌を伺う必要もありません。しかし何年か経つと、企業の経営者も孤立を感じるようになり、リアリティチェック（真偽の確認）やフィードバックがほしくなるものです。

孤立する起業家

会社の経営者には、フィードバックをもらうのはかなりの難題に思えるようです。というのも、彼らは「頼める人がいない」と思い込んでいるからです。私のオフィスには起業家たちがひっきりなしに訪れます。そしてその多くが、会社で困難な状況に陥った、自分のリーダーシップスタイルの見直しが必要だと語ります。私が上級管理職たちからフィードバックをもらってはどうかと訊ねると、彼らは大体こう答えます。「フィードバックなんて無理ですよ。みんな萎縮して何も言えませんよ」さらには「有益なフォードバックをくれるほど尊敬する人がいないからねぇ」などと言う人もいます。

このような人には、私はこう伝えます。「そんなはずはありません。優秀な人を雇って上級管理職の質の向上をはかればいいではないですか。いや、ひょっとしたらチームは優秀なのに、あなたに問題があるのかもしれませんよ。あなたは、部下たちに彼らの能力にふさわしい敬意を払っていません。彼らのフィードバックは役に立つはずです。しかし、あなたから頼まない限り、彼らは何も言わないでしょう。上司であるあなたには、自覚している以上の権力があるのです。彼らは上司であるあなたに従う立場ですから、リスクを冒して率直な意見を言おうとはしないでしょう。彼らの給料を払っているのはあなたなんですから」

起業家から部下たちにアドバイスを求めると、部下たちは有益なフィードバックをくれますし、チームとの関係も劇的に良くなります。そうなると、チームのメンバーは早い段階から——つまり手遅れになる前に——問題点を報告してくれるようになります。

昇進のジレンマ

組織のなかでの地位が上がるにつれて、孤立するリスクは高くなります。入社後の成長著しい間は、若手社員はごく当然のように上司や先輩からフィードバックをもらいます。しかし、やがてあなたがある地位にまで上ると、あなたの仕事ぶりを日常的に見ていてくれる上司や先輩はいなくなります。このとき、あなたを毎日のように目にするのは部下たちだけです。部下は、あなたの三六〇度評価（多面評価）でコメントを書いてくれるし、それは有益ではあるものの、そうした正式な人事考課以外にフィードバックがほしいと思いませんか？　とはいえ上司であるあなたが部下にフィードバックを求めていいものかと悩むでしょうし、また頼みにくいものです。しかし私から見れば、その考えは間違っていますし、正したほうがいいと思います。

上級管理職の人たちを前にすると、私はいつも「部下を指導している人は手を挙げてください」と言います。通常は、教室にいるほぼ全員の手が挙がります。次に私が「会社の社員から指導を受けている人は?」と訊くと、手を挙げる人はほとんどいません。

どうしてでしょうか? 結局のところ彼らは、経験豊富なプロフェッショナルが部下にコーチングを頼むのはふさわしくないと感じるからです。かといって上司は、自分の仕事ぶりを頻繁に目にするわけではなく、頼んでもたいした助言をもらえそうにありません。だからコーチがいないのです。ある意味、当てずっぽうに飛ぶ飛行機のようなものです。コーチがいないのですから、盲点ができるのも、徐々に孤立してしまうのも、なかなか方向転換できないのも無理はありません――そしてその状況は修正しなければなりません。

私はよく「フィードバックを頼めそうな部下との交流を深めてください」と経験豊富なプロフェッショナルに訴えます。まず、部下のなかからコーチ候補を何人か選び、その一人ひとりと一対一で面談して、率直に言いましょう。「私は今の仕事のやり方を改善したい。そのために具体的なアドバイスを一つくれないだろうか?」あるいはこう頼むこともできます。「何を止めるべきだと思う? 何を始めるべきだと思う? 私がもっとやるべきことは何だろうか? あまりやらない方がいいことは何だろうか?」

私の経験から言うと、ほとんどの部下や後輩はこう答えるでしょう。「特に何も思いつきません。まったく問題ないと思いますよ」

しかし、そこであきらめずに相手を説得してください。「私は真剣なんだよ。私に改善できることや、やり方を変えたほうがいいことがあれば、一つでいい。アドバイスがほしいんだ」

この頃には、部下の額から玉のような汗が吹き出てくるでしょう。彼らは、「これは忠誠心をテストする新手の試験かもしれないぞ。しくじったら、まずいんじゃないか?」などと考えているはずです。あなたが本気なのか確信が持てないため、大抵の人はなかなか正直に意見を言えないでしょう。ですからあなたは、本気だと相手を納得させる必要があります。部下たちはやがて勇気を振り絞って、言葉をにごしながらもあなたの行動の欠点を指摘してくれるでしょう。それを口にした瞬間、彼らはしまったと思うかもしれません。なぜだと思いますか? 社内で知らない者はいないあなたの欠点を、うっかり口を滑らせて、あなたに目をつけられる愚か者にはなりたくないからです――しかもその批判はずばりと的を射ているはずです。

どれだけ厳しい意見が返ってきたかにもよりますが、あなたは腹にパンチをくらったような痛みを感じるでしょう。だとしても、それを顔に出さないこと。本音は心にしまっておいて、「アドバイスをありがとう」と感謝して、面談を終わらせましょう。

他の人たちと同じように、あなたも確認をとりたくて自宅に電話するかもしれません。

そして部下が（勇敢にも）教えてくれた問題点は当たっているのかと訊ねるかもしれません。大抵の場合、電話の話し相手は少し考えてからこう言うでしょう。「そうねぇ。いかにもあなたらしいわね」

これは痛い。最初は良い気はしないでしょう。しかし、その痛みのおかげで、自分には何とかしなければならない問題があることを悟ります。問題が明らかとなった今、あなたはほぼ間違いなくその解決に取り組むはずです。

その後には、良いことが次々と起きます。あなたはその問題に取り組み、成績もアップするでしょう。問題点を指摘してくれた部下は、あなたからアドバイスを求められたこと、あなたが話を聴いてくれてきちんと対処してくれたことを同僚たちに話すでしょう。さらには、あなたは「私に言いたいことがあれば、どんどん言ってほしい」と部下たちを指導するようになります。

おまけに、あなたはもう孤立せずに済みます。今やあなたには、しくじりそうなときに注意してくれる部下たちがいるからです。私自身何度もこうして救われましたし、小さな問題が深刻化する前に芽を摘んだこともあります。

地位や肩書きだけでチームを統轄しようとしても、うまくいきません。従業員に積極的に発言させ、彼らの知恵を活用することです。会社とあなたの成功を担う、精神的な投資家になってもらうのです。それにはどうすればいいか？　彼らの心を刺激して、アドバイスを頼むのです。そうすれば、あなたの自己認識は高まり、部下たちは積極的にあなたにフィードバックをくれ、従業員は会社の成功を担っているという意識を強くするでしょう。このプロセスは、あなたのチームと組織をますます盤石にしてくれるでしょう。

グループの力

私がハーバード大学での教師生活のなかで学んだことがあるとすれば、それはグループの力に気づいたことです。多くの決定はリーダーによって下されるものの、一人の人間が決定を下すよりも、グループのほうがより優れた分析結果や解決策を導き出すことを学びました。多くのリーダーは、自由に使える巨大な力がすぐそこにあることに気づいていません。従業員の強みや弱みを個人単位では認識するものの、彼らがグループになると、一人ひとりの能力の総和よりも、はるかに強力な存在になることに気づいていないのです。

この力を利用するには、多様な人材を集めて、問題を一つ提起して彼らにディスカッションしてもらうのです。メンバーたちが綿密に分析できるようたくさんの情報を共有し、問題の核心が明らかになるような質問を投げかけるのです。メンバーたちは互いの意見に耳を傾け、議論を通して自らの見解に磨きをかけていくでしょう。

これは実に強力なプロセスです。試したことがありますか？　まだの人は、なぜやらないのですか？　このプロセスを試せば、チームの能力が向上し、問題解決能力もアップするのを実感できるでしょう。

適切なメンバーを集めて議論する

ジェーンは、中学校教師の研修を行う非営利組織のリーダーでした。教師を指導するスタッフを集め、研修のカリキュラムも作らなければならないため、難しい仕事でもありました。研修料をどう徴収するかという問題もありました。研修料をいくらにすれば学区は払ってくれるか、予算の範囲内で効果的なプログラムを提供するには教室の大きさをどうしたらいいか、などといった問題に頭を悩ませていました。

サービスへの需要が高まったこともあり、プログラムは急成長しました。しかし事業の急成長には良い面と悪い面がありました。良い面は収入が増えたこと。悪い面は、急激に伸びた需要に応えるために、教室やスタッフを増やすのにかなりの初期投資が必要になったことです。このタイミングの不一致を解決する方法があるはずだとジェーンは確信していました。そこでスタッフや理事会のメンバーと一対一の面談を行って解決策を模索しました。その後、私のオフィスに来たジェーンは不満を口にしました。何人かと面談したものの、結論が出なかったからです。「チームにも理事会にも適任の人がいないのかもしれません」彼女は泣き言を言いました。「こんなに面談したのに、有効な解決策や行動計画を出せる人が一人もいないなんて」

「この問題をどう思いますか？」とジェーンは私に訊いてきました。私が何か良い案を思いつくのではないかと期待したようです。「その問題を詳しく教えてもらう必要がありそうだね。それからたくさん質問すると思うけど、それでも名案が思いつくとは限らないよ」と私は正直に答えました。「ひょっとしたら問題はスタッフでも理事でもなく、解決策の出し方なんじゃないだろうか。この問題は複雑だ――きみの事業のあらゆる側面と資金繰りを考慮しなければならない。状況を正確に把握している人が一人もいないのでは？だから誰も状況を分析して、本質を突くアドバイスが言えないのでは？　面談した全員を同じ部屋に集めてはどうだろうか。同じ情報を共有し、互いの意見を聴き、議論を重ねていけば、より的確に分析して適切な行動計画を立てられるのでは？」

「適切な人たちを一つの部屋に集めて四時間かけて話し合ってみよう」と私はジェーンにアドバイスしました。ジェーンからは「ミーティングを主導するのを手伝ってくれませんか？　授業のときみたいにやっていただければ」と言われ、私は引き受けることにしました。ミーティングの第一段階では、状況を説明し、グループで分析を行い、互いに質問し合って、全員に問題を共通認識してもらいました。次に、グループ全員でブレインストーミングをして解決案を出し合い、それから各案の良い面と悪い面を明らかにしていきました。休憩をはさんでから、最善と思われる案を二つに絞り込み、各案の戦略プランを詳しく練りました。ミーティングが終わる頃には、グループは一つの案でまとまりました。いくつかの細かい点については議論が割れていたものの、実行に移してしまえば何とかなるだろうということで落ち着きました。具体的には、需要増に応えるために必要な資金は、二、三人の出資者に追加融資を頼んでまかなうことになりました。

個人がグループになって力を合わせると、これほど見事な分析と行動計画を思いつくのかと、ジェーンは心底驚いていました。情報を共有し、問題点を浮き彫りにし、互いの意見に耳を傾け合って議論を重ねていくと、強力な力を発揮することに気づいたのです。このプロセスのおかげで彼らの仕事のクオリティは大きく変わりました。この例にならおうと、ジェーンは他の問題についてもグループで話し合うようになりました。おかげでジェーンは的確なアドバイスをもらうことができ、従業員と理事たちも仕事がずっと楽しくなりました。みんなは前よりも主体的に動くようになり、学習意欲が増し、スキルを磨き、より良い意思決定を下そうとグループ会議で積極的に発言するようになったそうです。

多様な人材をそろえる

この他人の協力というプロセスでもっとも重要な要素の一つは、グループメンバーの多様性を確保することです。

ここでいう「多様性」とは、性別、民族、出身地、文化、職種、部署、考え方が異なる人を幅広くそろえるということです。集団力学の力を知っているリーダーは、多様な人材を受け入れますし、多様性のあるグループを作ってそれを維持しようとします。優れた洞察、分析、解決策、行動計画を練るには、多様な知識と経験と考え方を持つ人材をそろえる必要があるからです。

多様性のことを、単なるパフォーマンスだ、いろんな人を集めるという形式を取ってるだけじゃないかとあざ笑う人がいます。優れたリーダーは、取締役会のようなワーキンググループは、議論や反論を通して盲点を見つけなければ意味がないことを知っています。もちろん、自信があるリーダーでなければ、意見が異なる人や反対の立場を取る人を、取締役会や幹部メンバーに入れにくいでしょう。当然のことながら、リーダーのなかには、自分と同じような意見の人、自分に忠実な人、組織が抱える大きな問題を議論するときに批判しない人と一緒に仕事をしたがる人がいます。優れたリーダーは、リスクを承知で、多様な人材から成るグループを作り、協力して働こうとします。彼らは重要な情報を共有し、問題点を浮き彫りにし、より良い判断を下すために議論や論争を歓迎することも学びます。

ブレインストーミングの力

ブレインストーミングは他人の協力というプロセスの変種のようなものです。ブレインストーミングするときは、答えを導き出す必要はありません。むしろ緊張を解いて、自由にイメージしながら役立ちそうなアイデアを出します。ここでのポイントは「役に立つ可能性」です——良くないアイデアも混ざるからです。あまり批判的に考えずに、思いついたアイデアを挙げていって、最終的にすばらしいアイデアが見つかればいいのです。

分析的な人は（私もそうですが）、アイデアの欠陥を見つけては、「××という理由でうまくいかないだろう」とつい説明してしまうものです。利口な人がもっともらしい欠点をあげつらうと、名案さえも却下されてしまいます。問題は、すばらしいアイデアであってもついあら探ししてしまう利口な人がどこにでもいることです。しかし、ブレインストーミングでは、脳の批判的な部分が休むため、アイデアを自由に花開かせることができるのです。

ブレインストーミングをするとき、人は物事を判断するのをいったんやめて、心を自由にし、それぞれの独創性やイマジネーションを駆使します。人の話も素直に聴けるようになります。何度も練習することで、グループの創造力はますます研ぎ澄まされ、個人では思いつかないような斬新で革新的なアイデアを出せるようになります。

白紙の状態から構想を練る演習 第二弾

この他人の協力というプロセスのもう一つの変種に「白紙の状態から構想を練る演習」があります。この演習は、第3章の方向性を確認するプロセスで紹介しました。ビジョン、優先事項、方向性の確認などのプロセスは、多様性のあるグループで取り組むと良いでしょう。まずはあなたがフィードバックを頼むことを学び、経営者になったつもりで主張するよう従業員を意識づけ、やや異なる角度から質問すること《フレーミング・クエスチョン》（第5章で紹介）でグループの力を引き出し、ブレインストーミングで意見を出し合って、出てきたアイデアを検討してみましょう。これらができるようになってから「白紙の状態から構想を練る演習」をやってみてはどうでしょうか。

誰にでも盲点はあります。企業や非営利組織の創業者は、自分が築いた組織や自分たちのやり方に感情的にこだわりがちです。しかしやっかいなことに状況は変わるのです。一つだけ肝に銘じてほしいことがあります。それは、いつもと同じやり方に固執する人は、優先事項の見直しをおろそかにしがちだということです。その結果、方向性から外れ、商品やサービスも顧客が求めるものからずれ始めているかもしれません。

部下を集めてグループを作り、白紙の状態から構想を練る演習で、会社の今の状況を見直しましょう。ゼロから会社を立ち上げるつもりで考えるのです。新しい会社を設立するとしたら、ターゲット市場をどこに絞り、どんな人材を雇い、どんなタスクを社員に振り分け、どんな組織構造を作り、どんなリーダーシップスタイルを採用しますか？　グループのメンバーに相談して、会社の現在のやり方にとらわれずに、これらの問いについて数週間かけて考えてもらいましょう。

数週間後、グループに分析結果と推奨案を発表してもらいます。すごい案が飛び出してくるはずです。実を言うと、私が下した最良の判断の多くも、この種の議論からヒントを得ています。なぜそれほど効果が高いのでしょう？　人間は、問題を考えるときも解決策を出すときも感情的になりがちです。おまけに、リーダーであるあなたの意見は通りやすくなります。なぜなら部下たちはあなたの意見に反対しにくいからです。この演習なら、部下たちも反対意見を唱えやすいですし、組織が直面する問題により強い責任感を抱きやすくなります。従業員の力を引き出すためにもこの演習を試してみてください。部下を鍛えて、自分の盲点を見つけ出してください。

人と協力して働くことを学ぶ

本書の冒頭で、リーダーシップは団体競技だと言いました。チームが成功するには、メンバーたちに経営者マインドを根づかせる必要があります。メンバーに主体性をもたせ、あなたも自分の能力を開花させるには、メンバーとの間に信頼関係を築かなければなりません。互いにメリットとなる関係を築くことは、スタート地点に過ぎません。関係を築いたら、今度はアドバイスとフィードバックを頼むことを覚えましょう。

グループの力を引き出すには、この一連のステップを踏むことが不可欠です。そのためには、あなたもチームを励ます力と人の話を聴く力を向上させる必要があるでしょう。さらにはもっと積極的に情報を共有しましょう。グループに情報が行き渡れば、彼らはあなたや組織がどんな問題を抱えているかを知ることができます。こうした技術を身につければ、すばらしいメリットが期待できます——孤立を回避できて、学び続けることができるのです。あなたはもう孤独ではありません。チームのメンバーが、あなたと会社の成功のために尽力してくれるでしょう。部下たちの能力を活用するのです。

リーダーはなぜ失敗するのでしょうか？　多くの場合その原因は、彼らが孤立し、そのうえ積極的に学ぼうとしないからです。もちろん、本や記事を読んで学ぶことはできます。しかし人からも学ばなければなりません。人との関係を築く技術と、チームを動かす技術を身につければ、フィードバックを求めるのも、学ぶのも、個人や組織の盲点を見つけるのもずっと容易になります。自分の信じる道を見つけやすくなり、さらには人々に価値を提供しやすくなります。チームのメンバーにも、あなたを見習おうという意識が芽生えるでしょう。

これらのスキルを磨けば、組織でも人生でもあなたは強力な存在となるでしょう。それだけではありません。そのスキルを使って、世の中にさらに強い影響力を及ぼすかもしれません。

そのスキルをもう一歩前進させましょう。日々の責務からもう一歩前に踏み出して、コミュニティのなかに目的を見つけ、それに関わることです。非営利組織の理事やＰＴＡなどでもいいでしょう。あなたの地域を含め、世の中には数多くの問題があります。そのうちの一つを解決するために、あなたの能力を役立てようではありませんか。

こうした活動はやり甲斐があるだけではありません。あなたが新たに身につけた、人間関係を築く技術やグループで助け合う技術を鍛えるチャンスにもなります。人々がグループになって協力し合い経営者マインドで行動したら、どれだけ強力な力になるか。その力をあなたはまざまざと見せつけられるでしょう。一度それを体験したら、グループの力を活用する新たな機会を見つけたくなるに違いありません。

やってみよう

●あなたがこれまでに出会った人のなかに、本章で定義した人間関係、すなわち互いに信頼し合い、理解し合い、尊敬しあえる人はいますか。該当する人をリストにまとめましょう。

●自分をさらけ出す演習、相手に質問する演習、アドバイスを求める演習を誰とやりましたか？　ごく少人数としかやらなかった人は、その理由を考えてください。

●フィードバックを依頼する部下のリストを作りましょう。少人数しか挙げられない？　それはなぜですか？

●人間関係の質を改善し、信頼できる人の数を増やすために、あなたは何をしますか？

●部下や同僚が口出ししようとしたときに、さり気なく彼らを黙らせたことはありますか？　そのような経験がある人は、今ならどう対処すると思いますか？

●組織のなかに孤立している人はいますか？　その人は、あなたを含めた社員たちとどう接していますか？　彼らのどんな態度が孤立を招いていると思いますか？　今度は自問してみてください。「私も自ら孤立を招くような行動を取っていないだろうか？」

第５章

終わりなき旅をする

もう一段階上のリーダーをめざして

自分の弱点をカバーし、
強みを仕事に活かしていますか？

自分の本当にやりたいことを探し、
たえず夢を追いつづけていますか？

職場で活発な議論をして、
お互いの経営者マインドを育てていますか？

世の中に価値あるものを提供して、
充実した人生を送っていますか？

この本のなかで私は、リーダーシップは最終目的地ではないと一貫して強調してきました。リーダーシップは人間の特性ではありません。生まれながらの資質でもありません。リーダーシップは地位でもない。問われるのはあなたの行動であり、経営者マインドを身につけることです。重要なのはあなたという人間ではなく、あなたが何をするかなのです。リーダーシップは繰り返し学ばなければなりませんし、勤勉と忍耐強さも求められます。減量やトレーニングのように、終わりのない訓練を積み重ねていくことになります。生涯をかけて変化に適応し続け、さらなる向上をめざしていかねばなりません。

前述したように、すべては適切な考え方と心構え《マインドセット》からはじまります。とりわけ「リーダーシップなんて自分とは関係ない。学んで習得できるものでもないのだから」という思い込みを捨ててください。今日から努力し始め、毎日続けることです。この道を進むには、世の中や自分の人生に対する思い込みも見直す必要があります。あなたの人生はあなたのものであり、責任があるのだと自覚する――これがあなたにもっとも身につけていただきたいマインドセットです。

自分の人生に責任をもつ

繰り返しますが、あなたには自分の人生に対する責任があります。あなたの行動や意思決定の責任を取るのはあなたです。それを自覚していますか？　自覚している人は、ふさわしい行動を取っていますか？　つまり、リーダーシップのスキルを磨くためにさまざまなプロセスに取り組んでいますか？

では、このプロセスを始めるベストな方法は何でしょうか？　あなたのリーダーシップの向上に役立つステップや方法をこれまでいくつか紹介しました。たくさんのステップを今すぐ実行に移すよりも、第一段階としてステップを数種類に絞り込んではいかがでしょうか。多くの人はそのほうがやりやすいと感じるようです。

本章では、あなたがスムーズに始められるように、マインドセットについて解説すると共に、実践しやすい方法をいくつか紹介します。本章を読んだら、今後数週間かけて積極的に取り組みたい方法を三～五項目ほど紙に書いてください。それを予定通り実践できたら、第二段階として他の方法もいくつか取り入れて、あなたのスキルをさらに広げてください。

自分の強みと弱みを紙に書く

自分の人生の責任者として、まずは自分の強みと弱みを書けるようになりましょう。この演習は今日と明日だけでなく、生涯続けなければなりません。なぜその必要性があると思いますか？　あなたは変わりますし、世の中もあなたの仕事も産業や業界の性質も変わるからです。すべてが変化していくのですから、自分のスキルも定期的に再評価しなければなりません。第3章でお話しましたが、自分の最大の弱みだからといって、それを克服する必要はありません。重要なのは、弱みがあると意識することです。弱みがわかれば、それぞれに対処できるからです。克服できそうな弱みで、なおかつそれがあなたの業務で重要なスキルであれば、その弱みを克服するよう努力すればいいのです。しかし、あなたの業務にそれほど重要でない弱みについては、チームのなかにそのスキルに秀でた人がいれば、その人に任せましょう。そしてあなたはリーダーの仕事に専念すればいいのです。

私の知り合いのほとんどは、自分の強みと弱みを正確に自己評価できません。その理由がわかりますか？　仕事中の自分をよく見ている人からフィードバックをもらわない限り、自分の強みと弱みを把握するのは難しいからです。誰にでも盲点はあり、盲点のせいで自分を正確に評価できないのです。周りの人たちにははっきり見えるのに、本人だけが認識できない「行動の癖」があるのです。

ですから自分の強みと弱みを評価するには、仕事中のあなたをよく見ている人と親しくなることです。つまり、たとえ耳に痛くともあなたが知っておいたほうが良いことを教えてほしいと、彼らに頼むのです。それには、あなた自身も精神的にタフでなければなりませんし、相手を説得する必要もあります。誰もあなたを怒らせたいとは思いません。あなたが上司ならなおさらでしょう。あなたから彼らに働きかけなければ、みんなはあなたの欠陥を黙認し続けるでしょう。

前述したように、相手と一対一で向かい合い、「私が改善すべき点を一、二点でいいから教えてくれないか?」とお願いすることです。おそらく相手を説得しなければならないでしょう。助けが必要だということを、謙虚な態度と真摯な口調で相手に伝えるのです。そして誠意のあるフィードバックをもらったら、指摘された点を改善しようと取り組むのです。

こうしてあなたのスキルは向上するでしょう。フィードバックをくれた人も、あなたをサポートできて気を良くします。そのうちに、あなたは身近にいる部下たちをも、物怖じせずにあなたにフィードバックをするよう訓練するようになります。あなたの孤立は徐々に解消されていき、自分の強みと弱みについてもっと知りたくなるはずです。フィードバックをもらうプロセスをすぐに始めてください。このスキルは生涯役に立つはずです。

夢を抱く

人生の責任を負うからには、夢を抱くことを恐れてはいけません。繰り返しますが、夢とはあなたの夢のことです。あなたの両親の夢でも、友だちの夢でも、社会から賞賛されることでもない、あなたの夢のことです。あなたの夢は型破りなものかもしれません。友人や愛する人から反対されるかもしれません。しかしそれが輝かしい形で実現する可能性もあるのです。

夢を抱くことは自分勝手なわがままではありません。むしろ、質の高い仕事をするには夢が欠かせません。前述したように、情熱はやる気を引き出すロケット燃料のようなもの。業務のなかのいくつかの重要なタスクに情熱を抱かない限り、長期にわたって質の高い仕事をし続けるのは難しいでしょう。あなたの情熱に火を点けるものは何か？——その答えを知っているのはあなただけです。

好きなことに夢を抱くことなく何年も生きるうちに、さびついてしまう人が大勢います。要するに彼らは、何かをイメージして、それを実現するために創造的な筋肉を駆使するという作業を何年もやっていないのです。情熱をよみがえらせるには、まずはこれらの筋肉を鍛えなければなりません。

手始めに、あなたが全力を尽くしたときのことを思い出してください。あなたが輝いたときのことです。夢中になって何かに取り組み、心の底から喜びを感じたときのことです。何をやったときのことですか？　その状況の何があなたを夢中にさせ、完璧にやろうとする力を引き出したのですか？　その経験を踏まえて、あなたはどんな活動が好きだと思いますか？　あなたが全力を尽くせたのは、どの要素、タスク、任務または状況のおかげだと思いますか？

さあ、試してみてください。あなたが何に情熱を抱き、何の能力に秀でているかを知るためにも、夢を抱くことは重要です。それはまた自分の人生の責任を負うことでもあります。夢を見ることを恐れてはいけません。

一般常識にとらわれるな

夢を抱くときは、世間一般の常識に用心しましょう。

一般常識は「誰もが当たり前に知っている」ことで成り立っています。リーダーとしての信念を模索するときは、一般常識にとらわれないよう注意してください。この「常識」とやらはときに間違っていたり、時代遅れだったりしますし、個人の特殊な状況を考慮するわけでもありません。

私が大学を卒業した頃、未来について「当然」と思われていたことがたくさんありました。しかし、成功したいなら、絶対的な真理だと言われていることを鵜呑みにしないこと。たとえば、

●日本は、何十年も先まで世界に君臨すると考えられていました。第二次世界大戦後に産業国家として頭角を現し、優れた製造技術と生産管理でアメリカを越えた日本は、数十年先まで商業を支配すると期待されていました。「将来ビジネスで成功したい人は、日本でのビジネスの慣習を学び、できれば日本語も習得しておくほうが圧倒的に

有利だ」と言われていたのです。

●百科事典は、世界でもっとも貴重な情報の宝庫でした。「最新の情報を把握しておきたい人や情報を簡単に入手したい人は、百科事典の購入資金を準備しなければなりません。最新版が出たときに、その高額な代金を払えるよう、今からお金を積み立てておきましょう」と言われていたのです。

●主要な都市では、テレビやラジオと並ぶ重要な情報源として、必ず朝刊と夕刊がそれぞれ一紙以上――時には臨時増刊号も――ありました。このビジネスモデルは当分は廃れないと考えられていました。

●アメリカでは、長い間高いインフレ率が続きました。金利は今後も一〇％を切ることはないと考えられていました。金利一〇％以下で住宅ローンを借りられる日が来るとは、想像できなかったのです。

●医師になれば成功間違いなしと言われていました。医師は高収入で尊敬される職業だったため、今後も安泰だと思われていました。

言うまでもなく、こうした例は挙げればきりがありません。重要なのは、世の中は予想できない方向へと変わるということです。みんなが当然だと言うからといって、それが当然であり続けるとは、さらにはあなたにとっても当然であるとは限らないのです。

あなたのスキル、情熱、価値観、人生は他の誰のものとも違います。一般常識は、まるで万人が同じであるかのように、十把一絡げにして考えを押しつけてきます。しかし人はみな違います。自分で物事を分析し、あなた独自の個性や本質に基づいて考えてください。他の人の意見を聴くことを学ぶと共に、自分でも考えるのです。私がカンザス州にいた頃、こんなことわざをよく耳にしました。「しっぽを〈脚〉と呼ぶ場合、牛の脚は何本になる？」答えは四本です。尻尾を〈脚〉と呼んだとしても、本物の脚にはならないからです。要するに、「みんなの当然」を疑うことを恐れるな、ということ。誰かにとっての真実は、あなたにとっての真実とは限らない――これを肝に銘じておいてください。

「正しい行為は報われる」と信じる

次にやっていただきたいこと、それは「正しい行為は報われる」と信じることです。不当な扱いを受けた経験は誰にでもあります。あなたはどんな経験をしましたか？　期待していたのに昇進できなかった、または貢献度に見合った報酬がもらえなかった？　あるいは、誰かにひどく誤解された？

その経験からどんな教訓を学びましたか？　「他人など信用できない、自分の面倒は自分でみなければ」と思った人もいれば、「他人に秘密を打ち明けたり、助けを求めたりしないほうがいい」と学んだ人もいるでしょう。その結果、人に相談する、人にアドバイスする、人に権限を委譲するといった行為に抵抗感を覚える人もいるでしょう。どんな苦い経験をしたにせよ、あなたに訊きたいことがあります――「あなたがリーダーとなって本書のプロセスを実践するうえで、その苦い教訓はプラスになりますか？　それともマイナスだと思いますか？」

実際には、正しい行為が報われないときもあります。しかし、いつか報われる日が来ます。挫折や不当な扱いを受けた経験を引きずるあまりに試合を投げ出すつもりですか？　そんなことでは、生まれ持った能力を発揮できません。いつまでも気にしていては、自分の信念を見つけられませんし、人々に価値をもたらすような行動も取れないでしょう。

だからとりあえず信じてみてください。正しい行為は報われるのだ、と。そうすれば、もっとリーダーらしい行動を取り、経営者マインドを身につけやすくなるはずです。

価値創造に目を向ける

タイトルを見て、本書のもう一つの重要なテーマを思い出しましたか？　そうです、リーダーシップとは人々のために価値を創造することでもあります。そのためには、あなたの行動が、顧客、株主、従業員、コミュニティ、環境などに与える影響にも責任を持たなくてはなりません。
「価値」とは、顧客やクライアントのニーズを満たす良い商品やサービスを提供することです。また、コミュニティをサポートする役割を果たすことでもあります。それから、人々を身体的または精神的に傷つけないようにする、または何らかのダメージから守ることでもあります。

私が知る限り、お金などの成果はそれ自体では目的にはなり得ません。こうした成果は、長い間価値あるものを提供し続けてようやく得られるものだからです。言い換えると、たとえあなたの本当の目的がお金や地位や権力などの付帯的なものだとしても、それを手に入れるには長年価値を提供し続けるほうが近道なのです。

もちろん、この考え方も信じるしかありません。卓越したビジネスリーダーは、キャリアの途中でこのことに気づき、組織を成功へと導くには、他社とは一線を画す価値を提供しなければならないと理解します。他方で、経験豊かなリーダーのなかには、この考え方に懐疑的になる人や忘れてしまう人がいます。苦い経験のせいで、この前提に疑問を抱くのです。どこかの業界が大もうけするのを見ると、その疑念はさらに深まります。「あのリーダー（またはあの会社）が、人々に価値を提供しているだと？」と疑念を抱くのです。

しかし、その会社を長期的な展望でよくよく分析すると、リーダーまたは会社が予想以上の価値を生み出していることがわかってくるものです。そうでない企業もありますが、その場合の成功はあっけなく終わるものです。

長期的利益か短期的利益か？

チェン・リーは、アジアで中規模の卸売企業を経営していました。設立当初は、飲料メーカーから直接商品を仕入れる一次卸業を営んでいました。長年の間に、リーは商品ラインを拡大して食品も取り扱うようになり、食料品店に商品を納入するようになりました。しかし会社が大きくなり、技術が進歩するにつれて、利益率が低下し始めたのです。

この問題に対処するために、チェン・リーはコストを削減し、技術を導入して効率化をはかり、利益率の低い商品の取り扱いを中止しました。にもかかわらず、利益率は下がり続けました。私がアジアを訪れたとき、彼女はコスト削減が重要である理由を並べ立てました。「重要なのは、この事業を始めた目的です。私の夢は独占販売権を持つ大企業を作って、史上最高の売り上げ記録を打ち立てることなんです」

私が会社のビジョンを訊ねると、彼女は「アジアの卸売業界でもっとも利益率の高い企業になることです」と答えました。「それはきみのビジョンであって、会社が本来目的とすべきビジョンではないのでは？　他社とは違う方法で、どんな価値を創造したいんだい？」と私は訊ねました。彼女は、利益を上げたいという先ほどの言葉を繰り返すだけでした。

ビジネスについて議論した際に、「メーカーや小売業者が、あえてきみの会社と取り引きする理由は何だと思う?」と私は訊ねました。チェン・リーはその理由として、商品のラインナップが豊富なこと、顧客サービス、納入が速いことを挙げました。「最近の方針転換のせいで会社の売りに影響が出ているのでは?」と私は質問しました。「確かに、あれでわが社の価値命題が損われました。でも、仕方がないんです。数字を上げなければなりませんから」

チェン・リーは、この方法をどう思うかと私に訊ねてきました。「きみのやり方は本末転倒だと思うよ。価値を提供すれば、売り上げも利益も上がるはずだ——時間はかかるかもしれないけどね。クライアントがサービスに対する支払いを渋る場合、または正当な対価を支払おうとしない場合、きみは原点に立ち戻って会社の価値命題を見直すべきだろう。そしてクライアントが高く評価して喜んで支払ってくれるようなサービスを提供することだ」

チェン・リーに、一〇～一五人ぐらいの顧客に会いに行って、この問題について話し合ってはどうかと私は提案しました。優秀なリーはそれをすぐに実行に移し、そして驚くべき事実がわかりました。顧客は、彼女の会社にもっと幅広く商品をそろえてほしいと望んでいたのです。実のところ、クライアント企業は取り引きする卸売企業の数を減らそうとしており、商品のラインナップの多い企業に絞り込んでいたのでした。さらにもう一つ。

ここ何年か低下していた顧客サービスが、近年のコスト削減でさらに質が悪くなったことがわかったのです。「幅広い商品と良いサービスを提供していただければ、それに見合った料金をお支払いしますよ」と顧客は請け合ってくれたそうです。要するに、チェン・リーが選択した方向性は、顧客の要望とは真逆だったのです。

チェン・リーは会社に戻ると、方針転換をはかってこの二つの課題に取り組むことにしました。二年もしないうちに会社の利益率は回復し、売り上げも順調に回復しました。この苦い経験をきっかけに、彼女は会社の経営哲学を変えました。とりわけ価値の提供に集中することにしました。価値の提供さえ怠らなければ、ついでに利益の目標も達成できると考えるようになったのです。

価値の提供に注力することで、すばらしいメリットが期待できます。経営者も従業員も全力で仕事に打ち込むようになることです。価値を生み出そうと奮い立つことで、情熱に火がつき、本領を発揮しやすくなるのです。お金、権力、地位、その他の目に見える成功の証しは輝いて見えるでしょう。しかし、日々の業務や仕事の目的に情熱を抱けなければ、成功の証しはなかなか手に入らないでしょう。

違いを生み出したい

先日、フレッドという男性がオフィスに来ました。フレッドはフォーチュン五〇〇に名を連ねる会社の元CEOで、六八歳でした。非常に健康で、知的好奇心も旺盛な人でした。退職に向けてお金を貯めていたため経済的には裕福でしたが、非常に気が滅入っているようでした。

「CEOを退いて以来、平穏すぎてどうにも耐えられなくてね。もちろん、みんなは礼儀正しく親切に接してくれる。私が後継者として育てた新CEOは、私にいろいろと相談したいと言ったが、ほんのたまにしか連絡してこない。それ以外で私が会社に口出ししようとすると嫌がる。ボランティア活動も、私は熱心にやったことがなくてね。慈善団体〈ユナイテッド・ウェイ〉のキャンペーンではいつも議長を務めたが、せいぜいそれぐらいだ。ボランティア活動が、私のキャリアや会社のプラスになると思ったことはない。退職後は今までとは違う形でビジネスに貢献するつもりだった。でも今は自分のスキルも、何に興味があるのかも、どうすれば人の役に立てるのかもわからない。世の中との接点を取り戻すには、どうしたらいいだろうか？」

「お住まいの地域か世の中のために何かがしたいと思うことはありませんか？」と私は訊ねました。「よく考えてみなくてはね。本当にわからないんですよ。キャリアにプラスになることには関心がありましたが、世の中の問題を解決したいなどとは……。お恥ずかしいことに、それは政府や慈善団体の仕事であって、私の仕事ではないと思ってたんです」

「自分のメリットは気にせずに、どうすれば価値を提供できるかをよく考えてみてください」と私はフレッドに課題を出しました。「あなたには、大きな違いを生み出せるほどの優れた能力があります。しかし、自分が何に情熱を抱いているのか、自分にとって何が重要なのかを知らなければなりません。少し柔軟になって、世の中の問題を詳しく調べてみてはどうでしょうか。数ヶ月ほどかけて本や記事を幅広く読み、人々と会話するなどしてね。それからまた話しましょう」

三ヶ月後にフレッドは再び私に会いに来ました。まだ気が滅入っているものの、何十年間も浮き世離れした生活を送ってきたことに気づいたとのことでした。彼はそれまで仕事とビジネス以外に目を向けたことがありませんでした――家族の動向は気にかけていましたが、広い視野で世の中を見渡したことがなかったのです。余生を有効に活用したいのなら、もっと外に目を向けて、人のためにどんな価値が提供できるのかを見極める必要があると、彼はようやく気づいたのです。

フレッドは、時間をかけていろいろなことを調べ、夢を抱きました――自分が情熱を抱く分野で価値を生み出す、という夢です。彼はやがて子どもの読み書き支援プログラムで積極的にボランティア活動をするようになりました。最初は、週に一度昼休みに小学生たちに本を読み聞かせていましたが、そのうちにプログラムに寄付をするようになりました。その後、理事会に加わってほしいと依頼されました。理事会のメンバーを二年間務めた後、フレッドは理事長に就任しました。その二年後、ある雑誌がＣＥＯたちの「第二の人生」を特集した際、フレッドの人生が「サクセスストーリー」として取り上げられました。彼が非営利組織の理事長を務めると共に、他にも二、三の活動に参加していた功績が認められたのでした。

あるとき、フレッドが興味深いことを言いました。「私の功績として残るのは、ＣＥＯ時代の仕事だと思ってたよ。でも今は、ボランティア活動のほうが人々の記憶に残りそうだな。おもしろいことに、私の人生観はがらりと変わった。経営者は財政的な責任を負えばいいというものではない。自分の行動が人々に与える影響に責任を持つという心構え《マインドセット》が大事なのだ。今では、自分がどの分野でなら価値を提供し世の中に貢献できるかがわかるようになった。世の中の出来事は自分と無関係ではないと感じるようになった。もう一度言うが、未来が楽しみで仕方がないよ」

学習意欲を妨げる壁

第2章では、リーダーが失敗する原因について考えました。その原因の一つは、積極的に学ぼうとしないからです。他にも、本音を言えないとか、人に質問することに臆病になってしまうといった理由もあります。

どの原因も実に単純に聞こえますが、多くの場合「言うは易し、行うは難し」です。なぜわからないことを人に訊いて、学び続けようとしないのか？　自尊心、不安、「リーダーシップはかくあるべきだ」という思い込みが邪魔をするのでしょう。あなたはどうですか？　どれだけ本音で話し、わからないことを「わからない」と認められますか？

あなたの学習意欲をテストしてみましょう。以下の言葉を言えますか？

- **私が間違っていました。**
- **失敗しました。**
- **気が変わりました。**
- **わかりません。**
- **ごめんなさい。**
- **アドバイスをください。**

これらのなかで、あなたが時々口にする表現はいくつありますか？　それとも、自分は完璧な人間だから――またはプライドが高すぎて――「失敗した」とか「わからない」とか「気が変わった」なんて到底言えませんか？

そんなことを言ったら弱い奴だと思われる、見くびられると思っている人が大勢います。

しかし実際はその逆です。間違えたときにこれらの言葉を口に出せれば、さらなる窮地に陥らずに済みます。おまけに、窮地に陥ったあなたを救い出そうと人々が集まってくるでしょう。

あなたがこれらの言葉を使えば、部下たちも自分の間違いを認めたり、助けを求めたり、問題の解決に取り組んだりしやすくなります。そのような雰囲気ができれば、問題や火種が生じたときに、迅速に対処できるようになるでしょう。

窮地を脱するには

モニカは小売店を営んでいました。商いが上手でファッションの流行にも敏感でした。自分の店を開いたうえに経営も順調だったため、自分を優れたビジネスパーソンだと思っていました。

彼女は共同経営者《パートナー》と一緒にその店を立ち上げました。パートナーは経理や資金管理などといった経営の実務面を担っていました。パートナーが会計の話を持ち出すと、モニカはいつも顔がこわばるのを感じました。実は、その種の話がよく理解できなかったからです。彼女はその不安を隠すために、話を理解している振りをし、パートナーがさらに踏み込んで話そうとすると、ついけんか腰になりました。「そんなことわかってるわよ。いちいち説明しなくていいから」彼女はことあるごとにそう言い放ちました。

モニカのパートナーはその後、家族と共に他の都市へ引っ越したため、共同事業は解消されました。モニカは会社の所有権を一〇〇％取得しました。その時点ではモニカは、経理を外部の会計士に委託すれば商いも経理も何とかなると考え、その他には財務の手立ては考えませんでした。

私がモニカと出会ったきっかけは、ハーバード・ビジネススクールの経営者／社長向けマネジメント・プログラムでした。その時に、彼女は会社の経営状態を見直すために、私のオフィスへ来たのでした。彼女は利益率が急落したことや、思い切って経費を削減して従業員の労働時間を短縮したことを話してくれました。店の立地にも問題があるかもしれないと考え、もっと人通りが多くて客が来やすい場所に移転しようと、市内の不動産をチェックし始めたと言いました。

「経営診断と行動計画を説明してください」と私はモニカに言いました。モニカは診断結果を詳しく説明しようとしましたが、最後まで要領を得ないままでした。彼女は財務状況を説明しようと四苦八苦しつつ、どこで利益が上がって、どこで損失が出ていて、だからこういう戦略を取るのだと説明しました。

そんなやり取りを何度かした後、私はモニカに言いました。「会計業務は誰が担当してるんだい？　きみには卓越した強みがいくつもあるが、会計分野はどうなんだい？」

モニカはむきになって言い返しました。「その点はまったく問題ありません。会計業務はしっかりサポートしてもらっていますから。教授は小売業をあまりご存じではないのでは？　だから私の説明を聴いてもピンとこないのよ」

「そうかもしれないね」と私は言いました。と同時に、私のサポートが必要なら、ゆっくりと時間をかけて自分の強みと弱みを見つけ出し、それを紙に書き出してほしいと伝えました。「ちなみに、弱みがあるからといって恥じることはないよ。弱みなんて誰にでもあるのだから。重要なのは、自分の弱みを把握してそれを補うことだ」

この課題に取り組むために、仕事で関わりのある人たち四、五人ほどに質問してはどうかと勧めました。「ただし、相手が正直にきみの弱みを指摘しても、腹を立ててはいけないよ。そんなことをしたら相手は口をつぐんでしまうし、演習の目的が果たせなくなる。この種の話は、広い心で受け入れなければならないんだよ」

数週間後、モニカから電話がかかってきました。事業は相変わらずうまくいっておらず、問題をどう解決すればいいかわからないと愚痴をこぼしました。「強みと弱みを見つける演習はやったのかい？」と私は訊ねました。「いいえ」と彼女はいらだたしげに言いました。「学校を経営しているんじゃないんですよ、ビジネスをやっているんです。困っているんですよ。演習どころじゃないんです」

私は彼女に同情しつつも、妥協はしませんでした。「この演習をやらない限り、きみは売り上げを回復させる方法がわからないまま、やみくもに突き進むしかないだろうね」

「教授の目的がわかったわ。『財務分析が苦手なんです、助けてください』って私に言わせたいのでしょう。私のことをそんなふうに思ってたなんてショックだわ。私はビジネスパーソンなのよ。ファッションしか興味がないアマチュアと一緒にしないで」

三ヶ月後、モニカからまた電話がかかってきました。といっても、今回は勝手が違いました。「いよいよ八方ふさがりになって、かつての共同経営者《パートナー》に相談したんです」と彼女は言いました。詳しい話を聴かなくても、その態度から、彼女が多くのことに気づいたことが見て取れました――財務に疎いことに過敏になっていたこと、そのせいで今の状況に対応できないこと、助けが必要だと認めればほっとできることに、ようやく気づいたのです。元パートナーのアドバイスに従って、モニカは分析力に長けた人を雇い、週二〇時間働いてもらうことにしました。新しい従業員は、業績を分析して、モニカが戦略を練るのを手助けしてくれました。モニカにとっては驚きの連続でした。一部の商品が値下げによって損失を出していたことや、いくつかの売れ筋商品の在庫が足りないことが判明しました。さらには、元パートナーがそのような問題を見つけては、モニカに黙って修正してくれていたこともわかりました。

モニカは直ちに発注と在庫管理のやり方を変え、新たな店員を雇いました。すると、驚いたことに利益率が上がり始めたのです。店舗の移転話も立ち消えになりました。

それ以後私がモニカが住む町を訪れると、時々一緒にカフェで話をします。このエピソードになるといつも二人で笑います。私たちは互いの熱心な仕事ぶりを賞賛し合うと共に、弱みがあっても、それを意識して学び続ける限り問題はないという意見で一致しました。皮肉なもので、私は自分の盲点を知るために、ときどき彼女にコーチになってもらいます。彼女の指摘は鋭く、おまけに私が自分の欠点を受け入れるのをサポートしてくれます。

より良いリーダーになるためのツール

では、あなたがより良いリーダーになると決意したとします。それを実現するための秘策はありますか？　私からいくつか提案します。

十分な議論ができる場を作る

仕事やプライベートではしばしば大きな論争が起きますが、実はその主な原因は意見の相違ではなく、事実に対する認識の違いにあります。何かが起きた場合、関係者はその出来事をさまざまに解釈します。事実についての異なる認識に基づいて、それぞれが異なる分析をし、異なる意見を持つため、行動計画を練る際にも異なる案が出てしまうのです。

グループのメンバーは、ある基本的な事実について皆が共通認識をもっていると誤解しがちですが、そんなことはめったにありません。テレビやラジオで二人の人がある問題で反論し合う場面を見れば、一目瞭然です。もちろん、二人は解決策について相反する意見を持っています。しかし、よくよく耳を傾けてみると、出来事に対する認識が一致しておらず、だから他のことでも意見が対立してしまうのだとわかります。

身に覚えのある人、つまり激しく議論する割には結論が出ないことにうんざりしている人にお勧めの方法があります。状況に関する事実を整理して五～六ページの概要（つまり、簡単なまとめ）を作ります。可能であれば、関係者全員に質問して、事実に対する認識が一致しているかどうかを確認します。事実の認否をめぐって議論が戦わされている事項があれば、それも概要に書き加えます。これで、いろいろな解釈があることをみんなが理解できます。それから、ミーティングで問題点を話し合うための準備として、グループのメンバーに事前に概要を読んできてもらってください。

この方法を試せば、事実確認を共有するのも、皆が納得する分析結果を得るのも容易になります。意見の違いもはっきりするため、見解が異なる理由を詳しく議論できます。出席者全員に事実に基づいてそれぞれの意見を述べてもらい、互いの意見を参考に議論を重ねます。こうすれば全会一致で結論を出しやすくなりますし、少なくとも意見をかなり絞り込めるでしょう。次に、その結論を土台にして今後の行動計画を議論するのです。

この方法なら、メンバーの多様性をフルに活用できますし、経営者のように考えさせる機会にもなります。チームワークを鍛える練習にもなるので、グループとしての能力も劇的に向上するでしょう。やっかいな問題が生じたら、事実を紙にまとめて、皆に共通の認識を持たせましょう。事実に関する誤解を議論するのではなく、問題そのものについて議論するようにすることです。

フレーミング・クエスチョン

イエスかノーと答えるだけの簡単な質問なら誰にでもできます。しかし、有益な情報を引き出す質問、または重要な問題に対する意見を引き出す質問は、誰にでもできるものではありません。

視点の角度をわずかに変えて質問することを「フレーミング・クエスチョン」と呼びます。この質問をするのは簡単ではなく、事前によく考えて入念に準備する必要があります。というのも、やや広い範囲で質問して議論を掘り下げていかなければならないからです。フレーミング・クエスチョンを使って分析結果を引き出すこともできます。たとえば――「何が問題なのか?」「これは危機的な状況と言えるだろうか? だとしたら、どうしてこんなことになったのか?」「この問題には、誰が関わっているのか?」「業界または経済全般では何が起きているか? そのなかにこの状況の説明がつくものはないか?」

フレーミング・クエスチョンで重要なのは、参加者が状況を新たな視点で見る、またはこれまでとは違う角度から状況について考えさせられる質問をすることです。一例として、あるテクノロジー企業のCEOの話を紹介します。彼は定期的に従業員に「業務を改善するにはどうしたらいいか?」と質問していました。ところが、従業員は彼の質問を単なるポーズと考え、表面的な回答やアドバイスしかくれませんでした。「アドバイスの頼み方に問題があるのでしょうか?」とCEOは私に相談しました。「メンバーを招集して九〇分間のグループミーティングを行うといいでしょう。彼らの本心を引き出すために、やや違う角度からアプローチする質問を三種類用意して、彼らに考えてもらうのです」と私は提案しました。

●きみたちがうちの会社を選んだ理由は? うちの会社のいいところは何だと思う? この会社にどんな夢を持っている?(三〇分間議論する)

●会社の業務のなかで嫌いなことは? うちの会社のなかで「これは方向性が違うのではないか」と思うこと、あるいはこれを続けていては会社への夢が実現できないと思うことはないだろうか?(三〇分間)

●その問題を解決して会社への夢を実現させるために、何ができるだろうか? 具体的な対策案を一つ挙げてくれないか?(三〇分間)

「質の高い議論ができましたよ。素晴らしい提案がいくつもありました」後にCEOは驚いていました。そして、いくつかの提案を実行に移したとのことでした。この議論はなぜ効果的だったのだと思いますか？　アドバイスをもらうために、CEOが新しい枠組み《フレーミング》を作ってグループに真剣に考えさせたからです。メンバーたちは客観的な視点から自分の夢や野望、さらには嫌なことは何だろうかと考えました。フレーミングのおかげで、彼らは自分の意見を言わざるを得なくなったのです。

フレーミング・クエスチョンにはいろいろな種類があります。どれも参加者が意見を共有し合い、互いの意見から学び、自分の意見をさらに掘り下げ、メンバー同士の理解を深め、チーム力を高めるための問いです。いろいろなクエスチョンを試せば、どんな質問をすれば有益な議論ができるかがわかるようになります。フレーミング・クエスチョンは、メンバーの意見を引き出すだけではありません。彼らが経営者のように考え、行動する場にもなります。とはいえ、もっとも重要なのは、従業員の意見を聴く機会が得られることです。

聴く力を鍛える

ほとんどの人は、しゃべっている時間よりも人の話を聴いている時間のほうが断然長いと感じています。現実はどうかはさておき、実際にそうだとしても、きちんと聴いてはいないのでは？　耳に入ってくる音をぼんやり聞くことと、集中して聴くことは全然違います。

　聴くということはアクティブな活動です。集中力が要りますし、疲れます。このスキルは練習して習得しなければなりません。幸いにも、練習を積み重ねるうちに腕も上達します。ことスピーチに関しては「練習を重ねればうまくなる」と言うと誰もがうなずきますが、「聴くことも同じだ」と言っても、ぴんとこない人が多いようです。リーダーにとって効果的に話す力は重要ですが、効果的に聴く力はもっと重要です。

　ハーバード大学に学びに来る管理職たちは、授業を通して聴く力を大幅にアップさせます。彼らの変貌ぶりは、しばしば私を驚かせるほどです。もちろん彼らは授業内容、理論、フレームワークも学びますし、事例を読み、意見交換もします。しかしこちらが目を見張るほど上達するのは、集中して聴く力のおかげです。

　ですから、あなたも聴く練習をしましょう。最初は、人の話を真剣に聴こうとしても、すぐに集中力が途切れるかもしれません。しかし、そこでやる気を失ってはいけません。体のトレーニングと同じで、練習を重ねるうちに持続時間は長くなります。人の話を真剣に聴いたときのことを思い出してください。聴く練習をするときは、それを再現するつもりでやりましょう。

メンタルモデルで経営者マインドを身につける

メンタルモデルについては本書で既に紹介しました。現実的な制約から解放されて物事の意味を考え直すことで、自分の真意を明らかにするテクニックです。たとえば「もしもあなたが莫大なお金を持っていたら、何をするか？」「仮にあなたが責任者だったら、どうするか？」「あと二年しか生きられないとしたら、どうするか？」「上司を怒らせても構わないとしたら、どうするか？」「努力すれば成功するとわかっていたら、何を一生懸命やるか？」「期限が六ヶ月から五年に延びるとしたら、あなたの決定は変わるだろうか？」

メンタルモデルをやると、物事をより身近な問題としてとらえやすくなります。個人にとって強力な武器になるだけでなく、グループでも一つのテーマに集中して議論しやすくなります。メンタルモデルを使うと、出世争い、経済的な問題、自らの保身などといったテーマとは関係のない余計な問題を切り離して、考えることだけに集中できます。

自分の信じる道を模索するときにメンタルモデルを使うと、心が解き放たれ、自分にとって一番重要なことは何かを認識できるようになり、自分の意見に確固たる自信をもてるようになります。

演習をやる

これまでにさまざまな演習を紹介しました。たとえば自分をさらけ出す演習、質問する演習、アドバイスを求める演習、白紙の状態から構想を練る演習など。既にお気づきかと思いますが、これらは私のお気に入りです。その理由がわかりますか？　これらの演習をやることで、いろいろなフレーミング・クエスチョンを思いつくからです。フレーミング・クエスチョンを使うと、あなたも組織も物事を秩序立てて考えられるようになり、メンバーたちがお互い同士はもちろん、あなたのことも理解できるようになるからです。

サポートグループを作る

第4章のテーマの応用編として、人間関係をリスト化し、それを基に「サポートグループ」を作ってはいかがでしょうか？

サポートグループとは、いざというときに頼れる人的資源のことです。元々はハーバード・ビジネス・スクールの私の同僚ビル・ジョージが、その著書『リーダーへの旅路――本当の自分、キャリア、価値観の探求』（生産性出版）で提唱した概念です（注1）。グループを作り、そのなかの一人がメンバーに秘密を打ち明けて機密情報を共有し、みんなで問題を議論して率直に意見を述べ合います。ハーバード大学の「真のリーダー」というコースでは、毎回サポートグループを使って議論を行います。管理職の生徒たちを五人集めて一つのグループを作り、ミーティング体制とアジェンダを設定し、議長のローテーションを組み、その他の約束事も決めます。議論したことを外部にもらさないようメンバーは守秘義務契約に署名し、設定された時間内に議論を行います。議論の間は携帯端末の使用は禁じられます。このセッションは大好評で、いつもこのコースのハイライトとなります。

このプロセスに参加する管理職のほとんどは、サポートグループの底力を認識させられます。効果が高いため、多くの受講生は組織に戻った後同じようなサポートグループを作ろうとします。

フィードバックを利用する

私がこれまでに話したことを、あなたが実行に移したとしましょう。なかにはサポートグループを作った人もいるかもしれません。次の段階として、この新しい人的資源を使って、早速フィードバックを与える練習ともらう練習をしましょう。ネガティブな(または建設的な)フィードバックばかりではいけません。ポジティブなフィードバックも同じぐらい重要です。

この本のなかでもっとも重要なメッセージは「盲点は誰にでもある」ということです。自分は何の能力がずば抜けていて、何の能力が劣っているのかは、なかなか認識できないもの。フィードバックをもらうことで、こうした盲点に気づくことができ、さらには自分への理解も深まるのです。

フィードバックを与えるスキルも磨く必要があります。このスキルを上達させれば、言いたいことを言うのも、人をサポートするのも、人間関係を修復または維持するのも容易になります。面と向かって非を指摘したくない、または文句を言いたくないがために、疎遠になった人は何人いますか？　ときには面と向かって批判する方が人間関係を維持しやすいのです。フィードバックする練習を重ねることで、厳しい意見も言いやすくなるでしょう。

日記をつける

慌ただしい毎日のなかでも、考えたり、内省したりする時間は必要です。重大なことが起きたときには、一歩離れてその状況を紙に書く方が全体像を把握できる場合もあります。ですから是非日記をつけてください。ゆっくりと時間をかけて自分の思いを書くことは、非常に建設的な習慣となり得るのです。

自分の考えを文書に綴ることは、その時点で役に立つだけではありません。何度も書き連ねるうちに、やがて自分の考えが形になってきます。日記を書くことで、物事を大局的に見られるようになります。自分の信念を知りたいときにも、いざ行動するときにも、あなたをサポートしてくれるでしょう。人々にどんな価値を提供したいかを考えるときも、日記は役に立つはずです。

人と直接会って話す

慌ただしく時間に追われる日が続くとなれば、人と直接会って話す時間が取れないときもあるでしょう。もちろんインターネットで人とつながるのは便利です。しかし、深刻な問題を話し合う場合には、やはり人と直接会うほうが有益な会話ができます。面と向かい合えば、相手の表情やボディランゲージも確認できます。

人間は社会的な動物であり、人とふれあう必要があります。ふれあいを怠ると、人間関係を築くのが難しくなりますし、やがては何らかの誤解が生じて、人と協力して働くのも、人と折り合いをつけるのも難しくなるかもしれません。

面談する

他の人を理解したいと思ったときは、相手と面談することをお勧めします。面談だなんて大げさなと思うでしょうし、気恥ずかしい気もするでしょう。しかし、私自身がそうだったように、あなたもやって良かったと思うに違いありません。言うまでもなく、これは「質問する演習」、つまり相手への理解を深めるための演習の応用編です。面談してみると、おそらく相手のことを全然知らなかったことに驚かされるでしょう。

　面談なんて何年もやっていないからと不安を覚える人は、身近な人で試してみましょう。本番のつもりで真剣に取り組んでください。あらかじめ質問を準備し、誰にも邪魔されずに会話ができる静かな場所を選び、十分な時間を確保し、携帯電話の電源も切っておくこと。面談の演習をすると、人々を理解しやすくなり、人間関係も築きやすくなります。

新聞、雑誌、本を読み、映画を見る

　最近の出来事を常に把握し、大衆文化の変化にも敏感になりましょう。そうすることで、世界で何が起きているのかを察知し、最新のトレンドを理解し、人々との接点もできます。さらには自分の信念を知るうえでも助けになります。大衆文化や世界の動向は、あなたの考え方に影響します。また、あなたがどう行動するか、人々にどんな価値を提供するかを見極める際にも、最新の情勢を把握しておいた方が良いでしょう。

世の中はあなたを必要としている

　リーダーシップとは、責任をもって行動することです。問題がわかったときに、誰かが何とかしてくれると期待しないことでもあります。リーダーシップとは心構え《マインドセット》なのです。

もちろん、経営者マインドを実践するのはストレスになりますし、不安にもなります。ある意味、大きな問題は誰かに任せる方がずっと楽です。しかし世の中はあなたを必要としています。問題のなかには、スケールも範囲も大きすぎて、個人の力ではどうにもならないものもあります。ですから、変化を生み出すには何をすればいいか戦略を練らなければなりません。それにはまずあなたが気にかけている問題で、あなたにも何らかの形で貢献できそうな問題を見つけることです。あなたの身近な問題でもいいですし、家族、会社、町、地方、国に関わる問題でも構いません。あなたにも変化を生み出すことができる——それを忘れないでください。問題に何度も取り組むうちに、変化を生み出せるようになるはずです。

世の中で、あなたが気になる問題は何ですか？　その問題に関わる方法を見つけましょう。非営利団体の理事会に加わってもいいし、あなたの判断力とスキルを必要としている人に手を貸してもいい。あなたが関わることで、その組織または個人が助かるのです。その経験はやがて、あなたのリーダーシップスキルを磨くうえで糧となるでしょう。

世の中の問題を解決するのは他の誰かではありません。解決されるのであれば、あなたのような人が解決しなければなりません。

私がこの本を書いたのは、リーダーシップを磨く道のりのスタート地点へとあなたを誘うためです。ここはまだ「スタート地点」に過ぎません。この本があなたにどんな影響を与えるのか？　この本の影響力の大きさが、あなたが今いる地点で判断されるのではなく、今から五年、一〇年、あるいはその先あなたがどこにいるかで判断されることを願っています。

私が本書で書いた内容のなかに、あなたにも共感できるものがあることを願っています。と同時に、あなたにも自分なりの方法を編み出していただければと思います。「この課題に真剣に取り組みたいか？　将来のために努力し続けたいか？」――是非自らに問いかけてください。

もちろん、何をルールとしてどんな活動をするかは、あなたの個性に合わせてください。たとえば、あなたの価値観や倫理的な境界線も考慮しましょう。さらには、あなたの今の立ち位置、家族に対する責任、経済状況などあなたの生活スタイルに合わせて決めてください。

あなたがその能力をどう使おうとも、自分の価値観、基本方針、そして人間性に忠実であれば、さらには学び続けることに意欲を燃やし、確固たる決意でスキルとエネルギーを注ぎ込めば、加えてあなたが目先の利益を追い求めて自分を曲げるようなことをしなければ、あなたは必ずや存分に影響力を振るえると私は確信しています。

本書のやり方を実践することで、どれだけの金、権力、地位が手に入れるかは、私にはわかりません。しかし、あなたは必ずやリーダーとしてのわが道を手にしているに違いないと、私は確信しています。さらに、あなたは大きな充実感を味わうでしょう。実に素晴らしい人生ではありませんか。

やってみよう

●今後数週間かけてあなたが実践したいステップを三～五つほど書いてください。
●そのステップについて、友人や身近な同僚と話し合いましょう。
●そのステップに真剣に取り組むと、自らに誓ってください。

謝辞

この本のアイデアとコンセプトは、過去数十年間のさまざまな経験から得たものです。本書を無事に完成できたのは、長年の間私とお付き合いくださっている数多くのメンター、コーチ、友人、同僚、クライアント、そして学生たちのおかげです。彼らは個人的な話や問題を惜しみなく私に打ち明けてくれました。彼らの知恵とその度量の大きさから、私は多くのことを学びました。そして学んだことが形となって、この本の土台となったのです。

私は幸運にも、一九八〇年代前半にゴールドマン・サックスでキャリアをスタートさせることができました。同社とそのリーダーたちからビジネス哲学やビジネス手法を教わる一方で、約二二年間にわたってさまざまな指導的な役割を担うことができました。さらに、すばらしいクライアントたちが、時間と知恵とアイデアを惜しげもなく共有してくれました——それはもはや仕事の付き合いを越えていました。また、ゴールドマン・サックスの多くの幹部社員とクライアントは、重要なお手本となって、私が管理能力やリーダーシップを身につけるのを助けてくれました。

ハーバード・ビジネススクールの同僚たちには、心から感謝の意を捧げたいと思います。

二〇〇六年から経営学部で教鞭を執る機会をいただき、私がもっといい教授になれるよう、いつもサポートしてくれました。たとえば、問題を取り上げる方法や効果的な議論を喚起する方法を指導してくれましたし、企業のリーダーたちの仕事力アップにつなげるために、私の技術力の向上に尽力してくれました。寛大ながらも厳しい思想家である同僚教授たちは、現実の社会への理解を深めようと努める一方で、現状を改善する取り組みも行っています。実に野心的な試みであり、私がもっとスキルを磨いて学び続けようと思ったのは、彼らから刺激を受けたからです。特に、この本の原稿を読んで有益なフィードバックをくれた同僚たち――トム・ディロング、ロビン・エライ、ビル・ジョージ、ランジャイ・グラーティ、ラクシュミ・ラマラジャン、ゴータム・ムクンダ、ジョシュ・マーゴリス、スダル・ニーリー、ニッティン・ノーリア、スコット・スヌークにも感謝を申し上げます。

この本の構想を練る際には、教室でのやり取りが大いに刺激になりました。ハーバード大学に就任して以来、私は実に多くのMBA専攻の学生たちや、さまざまなレベルのエグゼクティブたちに教える機会をいただきました。授業を通して幅広いリーダーシップ、戦略、難しい問題にふれることができました。エグゼクティブたちとの交流からリーダーシップについて実に多くのことを学びましたし、仕事の効率をアップさせる方法を何度も実験させていただきました。

『ハーバード・ビジネス・レビュー』には、リーダーシップと個人の潜在能力の育成に関する論文を書かせていただいたことを感謝しております。ハーバード・ビジネス・レビュー出版のジェフ・キーホーと、エリン・ブラウン、コートニー・キャッシュマン、エレン・ピーブルス、アリソン・ピーターをはじめとする皆さんは、本書の内容を充実させるために論文から引用することを勧めてくれました。また、前書のみならず、本書でも完成に至るまで何かと協力してくれました。

編集者のジェフ・クルックシャンクのサポートがなければ、この本を書き上げることはできなかったでしょう。ベテラン作家でもあるジェフは、優れたコーチ、メンター、編集者としても私をサポートしてくれました。

また、長年お世話になっている優秀なアシスタント、サンディ・マーティンにも感謝の言葉を捧げます。私が効率良く働けるのは、我慢強く私に付き合ってくれるサンディのおかげです。それからハーバード・ビジネススクールのアシスタント、ジェーン・バーレットはなくてはならない存在であり、何をやらせても見事にやってのけてくれます。この二年間、サンディとジェーンはこのプロジェクトを順調に進めるために、私をサポートしてくれました。

本書の原稿を読んでアドバイスをくれたカレン・ベルジオヴァイン、マイケル・ダイアモンド、ヘザー・ヘンリクセン、コリーン・カフタン、アーリーン・ケーガン、スコット・リチャードソン、ウェンディ・ワイナー、ディヴィッド・ワイナーにも感謝の意を表します。

最後になりましたが、私にとってもっとも大切な私の両親と家族にも感謝します。両親と家族は私を愛し、人生において何度も私をサポートし、理解を示してくれました。彼らの人生哲学、価値観、アドバイスは、この本の随所に反映されています。

and Daniel Perlman (Cambridge: Cambridge University Press, 2006); K. E. Kram and M. C. Higgins, "A New Approach to Mentoring: These Days You Need More Than a Single Person. You Need a Network," *Wall Street Journal*, September 2008; and Roderick M. Kramer, "The Harder They Fall," *Harvard Business Review*, October 2003.

第5章

1. 『リーダーへの旅路—本当の自分、キャリア、価値観の探求』ビル・ジョージ、ピーター・シムズ著、梅津祐良訳、生産性出版、2007年。

以下も参照のこと。『リーダーシップ開発ハンドブック—The Center for Creative Leadership: CCL』(序章:「リーダーシップ開発についての私たちの見解」)、シンシア・D・マッコーレイ、エレン・ヴァン ヴェルサ、ラス・S・モクスレイ編集、金井壽宏監訳、嶋村伸明、リクルートマネジメントソリューションズ組織行動研究所訳、白桃書房、2011年、John Paul Eakin, *Living Autobiographically: How We Create Identity in Narrative* (Ithaca, NY: Cornell University Press, 2008); Linda A. Hill, "Becoming the Boss," *Harvard Business Review*, January 2007; Morgan W. McCall, Michael M. Lombardo, and Ann M. Morrison, *The Lessons of Experience: How Successful Executives Develop on the Job* (New York: Free Press, 1998); Laura Morgan Roberts, Gretchen Spreitzer, Jane Dutton, Robert Ouinn, Emily Heapy, and Brianna Barker, "How to Play to Your Strengths," *Harvard Business Review*, January 2005.

第3章

1.『ハーバードの“正しい疑問”を持つ技術　成果を上げるリーダーの習慣』ロバート・スティーヴン・カプラン著、福井久美子訳、CCCメディアハウス、2015年。
2.『ハーバードの自分を知る技術 悩めるエリートたちの人生戦略ロードマップ』ロバート・スティーヴン・カプラン著、福井久美子訳、CCCメディアハウス、2014年。

以下も参照のこと。『リーダーへの旅路―本当の自分、キャリア、価値観の探求』ビル・ジョージ、ピーター・シムズ著、梅津祐良訳、生産性出版、2007年、『競争優位のイノベーション―組織変革と再生への実践ガイド』マイケル・L・タッシュマン、チャールズ・A・オーライリー三世著、平野和子訳、ダイヤモンド社、1997年、James C. Collins and Jerry Porras, "Building Your Company's Vision," *Harvard Business Review*, September-October 1996; Peter Drucker, *The Essential Drucker* (New York: Harper-Collins, 2001); Mary C. Gentile, *Giving Voice to Values* (New Haven, CT: Yale University Press, 2010); Linda A. Hill, "Note for Analyzing Work Groups," Case 9-496-026 (Boston: Harvard Business School, 1998).

第4章

以下を参照。『完訳 7つの習慣 人格主義の回復』スティーブン・R・コヴィー著、キングベアー出版、2013年、『リーダーへの旅路―本当の自分、キャリア、価値観の探求』第7章、ビル・ジョージ、ピーター・シムズ著、梅津祐良訳、生産性出版、2007年、John J. Gabarro and Linda A. Hill, "Managing Performance," Case 9-496-022 (Boston: Harvard Business School, 1995); David A. Garvin and Michael A. Roberto, "What You Don't Know About Making Decisions," *Harvard Business Review*, November 2001; Bill George and Doug Baker, *True North Groups: A Powerful Path to Personal and Leadership Development* (San Francisco: Berrett-Koehler Publishers, 2011); Daniel Goleman, "What Makes a Leader?," *Harvard Business Review*, January 2004; Katryn Greene, Valerian J. Derlega, and Alicia Mathews, "Self-Disclosure in Personal Relationships," in *The Cambridge Handbook of Personal Relationships*, ed. Anita L. Vangelisti

注

はじめに
巻末資料　リーダーシップに関するお勧めの著書・論文一覧を参照。

第１章

1. Robert Steven Kaplan and Scott Snook, "The Authentic Leader," course syllabus, Harvard Business School, summer 2014.

以下も参照のこと。Michael Beer, Flemming Norregren, et al., *Higher Ambition: How Great Leaders Create Economic and Social Value* (Boston: Harvard Business Review Press, 2011); Daniel Goleman, "What Makes a Leader?" *Harvard Business Review*, January 2004; John Kotter, "What Leaders Really Do," *Harvard Business Review*, December 2001; and Abraham Zaleznik, "Managers and Leaders: Are They Different?" *Harvard Business Review*, March-April 1992.

第２章

1. John J. Gabarro. "Wolfgang Keller at Konigsbrau-TAK (A)." Harvard Business School Case 498-045, December 1997. (Revised October 2008.)

その他の参考文献。『自分の小さな「箱」から脱出する方法』（アービンジャー・インスティチュート著、金森重樹監修、冨永星訳、大和書房、2006年）、『リーダーへの旅路―本当の自分、キャリア、価値観の探求』（ビル・ジョージ、ピーター・シムズ著、梅津祐良訳、生産性出版、2007年）、Warren G. Bennis and Robert J. Thomas, "Crucibles of Leadership," *Harvard Business Review*, September 2002; and Robert Steven Kaplan and Scott Snook, "The Authentic Leader," course syllabus, Harvard Business School, summer 2014.

Ohlott, Patricia J. "Job Assignments." In *The Center for Creative Leadership's Handbook of Leadership Development*, ed. Cynthia D. McCauley and Ellen Van Velsor. San Francisco: Jossey-Bass, 2004,151-182.
Roberts, Laura Morgan, Gretchen Spreitzer, Jane Dutton, Robert Quinn, Emily Heapy, and Brianna Barker. "How to Play to Your Strengths." *Harvard Business Review*, January 2005.
Rouiller, Janice T., and I. I. Goldstein. "The relationship between organizational transfer climate and positive transfer of training." *Human Resource Development Quarterly* 4, no. 4 (1993): 377-390.
Schein, Edgar H., and Warren G. Bennis. *Personal and Organizational Change Through Group Methods: The Laboratory Approach*. New York: John Wiley & Sons, 1965.
Thomas, D. A. "The Truth About Mentoring Minorities: Race Matters." *Harvard Business Review*, April 2001.
『競争優位の組織設計』デーヴィッド・A・ナドラー、マイケル・L・タッシュマン著、斎藤彰悟、平野和子訳、春秋社、1999年。
『競争優位のイノベーション―組織変革と再生への実践ガイド』マイケル・L・タッシュマン、チャールズ・A・オーライリー三世著、平野和子訳、ダイヤモンド社、1997年。
『ジャック・ウェルチ わが経営（上）（下）』ジャック・ウェルチ、ジョン・A・バーン著、宮本喜一訳、日本経済新聞社、2001年。
Yuki, G. *Leadership in Organizations*, 3rd ed. Englewood Cliffs, NJ: Prentice-Hall, 1994.
Zaleznik, Abraham. "Managers and Leaders: Are They Different?" *Harvard Business Review*, March-April 1992.

Review, April 2007.
Hill, Linda A. *Becoming a Manager*. New York: Penguin Books, 1992.
Hill, Linda A. "Note for Analyzing Work Groups." Case 9-496-026. Boston: Harvard Business School, 1998.
Hill, Linda A. "Developing the Star Performer." *Leader to Leader* (Spring 1998): 30-37.
Hill, Linda A. "Becoming the Boss." *Harvard Business Review*, January 2007.
Joyce, William, Nitin Nohria, and Bruce Roberson. *What (Really) Works*. New York: Harper Business Press, 2003.
Kluger, Avraham N., and Angelo DeNisi. "The Effects of Feedback Interventions on Performance: A Historical Review, a Meta-analysis, and a Preliminary Feedback Intervention Theory." *Psychological Bulletin* 119, no. 2 (1996): 254-284.
Kotter, John. "What Leaders Really Do." *Harvard Business Review*, December 2001.
Kram, K. E., and M. C. Higgins. "A New Approach to Mentoring: These Days You Need More Than a Single Person. You Need a Network," *Wall Street Journal*, September 2008.
Kramer, Roderick M. "The Harder They Fall." *Harvard Business Review*, October 2003.
McCall, Morgan W., Jr., and Michael M. Lombardo. "What Makes a Top Executive?" *Psychology Today*, February 1983, 26-31.
McCall, Morgan W., Jr., Michael M. Lombardo, and Ann M. Morrison. *The Lessons of Experience: How Successful Executives Develop on the Job*. New York: Free Press, 1988.
『リーダーシップ開発ハンドブック―The Center for Creative Leadership: CCL』シンシア・D・マッコーレイ、エレン・ヴァン ヴェルサ、ラス・S・モクスレイ編集、金井壽宏監訳、嶋村伸明、リクルートマネジメントソリューションズ組織行動研究所訳、白桃書房、2011年。
Nadler, D. *Feedback and Organization Development: Using Data-Based Methods*. Reading, MA: Addison-Wesley, 1977.

Drucker, Peter. *The Essential Drucker*. New York: HarperCollins, 2001.
Eakin, John Paul. *Living Autobiographically: How We Create Identity in Narrative*. Ithaca, NY: Cornell University Press, 2008 .
Edmondson, Amy. "Psychological Safety and Learning Behavior in Work Teams." *Administrative Science Quarterly* 44, no. 2 (1999): 350-383.
Gabarro, John J., and Linda A. Hill. "Managing Performance." Case 9-496-022. Boston: Harvard Business School, 1995.
Garvin, David A., and Michael A. Roberto. "What You Don't Know About Making Decisions." *Harvard Business Review*, November 2001.
Gentile, Mary C. *Giving Voice to Values*. New Haven, CT: Yale University Press, 2010.
George, Bill, and Doug Baker. *True North Groups: A Powerful Path to Personal and Leadership Development*. San Francisco: Berrett-Koehler Publishers, 2011.
『リーダーへの旅路―本当の自分、キャリア、価値観の探求』ビル・ジョージ、ピーター・シムズ著、梅津祐良訳、生産性出版、2007年。
Goleman, Daniel. "What Makes a Leader?" *Harvard Business Review*, January 2004.
Greene, Katryn, Valerian J. Derlega, and Alicia Mathews. "Self-Disclosure in Personal Relationships," in *The Cambridge Handbook of Personal Relationships*, ed. Anita L. Vangelisti and Daniel Perlman. Cambridge: Cambridge University Press, 2006.
Groysberg, Boris. *Chasing Stars*. Princeton, NJ: Princeton University Press, 2010.
『ハーバードで学ぶ「デキるチーム」5つの条件―チームリーダーの「常識」』J・リチャード・ハックマン著、田中滋訳、生産性出版、2005年。
Hackman, J. R., and G. R. Oldham. *Work Redesign*. Reading, MA: Addison-Wesley, 1980.
『最前線のリーダーシップ』マーティ・リンスキー、ロナルド・A・ハイフェッツ著、竹中平蔵訳、ファーストプレス、2007年。
Heineman, Ben W., Jr. "Avoiding Integrity Landmines." *Harvard Business*

巻末資料

リーダーシップに関するおすすめの著書・論文一覧

『自分の小さな「箱」から脱出する方法』アービンジャー・インスティチュート著、金森重樹監修、冨永星訳、大和書房、2006年。

『倫理の死角——なぜ人と企業は判断を誤るのか』マックス・H・ベイザーマン、アン・E・テンブランセル著、池村千秋訳、エヌティティ出版、2013年。

Beer, Michael, and Flemming Norregren et al. *Higher Ambition: How Great Leaders Create Economic and Social Value.* Boston: Harvard Business Review Press, 2011.

Bennis, Warren G., and Robert J. Thomas. "Crucibles of Leadership." *Harvard Business Review,* September 2002.

Bower, Joseph L. *The CEO Within.* Boston: Harvard Business School Publishing, 2007.

Cohn, J. M., Rakesh Khurana, and Laura Reeves. "Growing Talent as if Your Business Depended on It." *Harvard Business Review*, October 2005.

『ビジョナリーカンパニー2 飛躍の法則』ジム・コリンズ著、山岡洋一訳、日経BP社、2001年。

『ビジョナリーカンパニー4 自分の意志で偉大になる』ジム・コリンズ、モートン・ハンセン著、牧野洋訳、日経BP社、2012年。

Collins, James C., and Jerry 1. Porras. "Building Your Company's Vision." *Harvard Business Review*, September-October 1996.

Conger, J., and K. Xin. "Voices from the Field: Trends in Executive Education Among Global Corporations." *Journal of Management Education* 24, no. 1 (2000): 73-101.

『完訳7つの習慣 人格主義の回復』スティーブン・R・コヴィー著、キングベアー出版、2013年。

DeLong, Thomas J. *Flying Without a Net*. Boston: Harvard Business Review Press, 2011.

著者

ロバート・スティーヴン・カプラン

Robert Steven Kaplan

ハーバード・ビジネススクール元教授。2015年より、ダラス連邦準備銀行総裁。他にも、インダバ・キャピタル・マネージメント社の共同設立者にして現会長、ドレイパー・リチャーズ・カプラン基金（ベンチャー・フィランソロピー企業）の共同議長を務める。カンザス州出身。カンザス大学で学士号を、ハーバード・ビジネススクールでMBAを取得した。

専門は経営実務。ハーバード大学のMBAプログラムではさまざまなリーダーシップ講座を担当し、管理職向けのプログラムでも教えていた。著書に、『ハーバードの自分を知る技術』『ハーバードの“正しい疑問”を持つ技術』（小社刊）がある。

2005年にハーバードで教鞭を執りはじめる前は、ゴールドマン・サックスに22年間勤務し、さまざまな管理職を歴任。副会長としてグローバル投資銀行部門と投資運用部門の監督責任を担った。また、同社で若手リーダーの育成にも尽力している。副会長になる以前は、グローバル投資銀行部門の共同部長、コーポレート・ファイナンス部部長、アジア太平洋投資銀行部門（拠点は東京）部長として活躍。1990年に同社のパートナー（共同経営者）となった。

一方で、非営利団体や地域団体でも幅広く活躍。ハーバード・ニューロディスカヴァリー・センターでは諮問委員会の初代副委員長を務めた。他にも、〈プロジェクトALS〉会長、TEAKフェローシップ初代共同会長、フォード財団理事などを務めている。また、米大手金融機関ステート・ストリートの取締役、グーグルの投資顧問委員会委員長を務める他、数多くの企業に顧問として携わっている。

訳者

福井久美子（ふくい・くみこ）

英グラスゴー大学大学院英文学専攻修士課程修了。英会話講師、社内翻訳者を経て、現在はフリーランス翻訳者。主な訳書に、『ハーバードの自分を知る技術』『ハーバードの“正しい疑問”を持つ技術』（以上小社刊）『スピーチ世界チャンプの魅惑のプレゼン術』（ディスカヴァー・トゥエンティワン）『パリジェンヌ流　デュカン・ダイエット』（講談社）などがある。

アートディレクション　宮崎謙司　lil.inc（ロータス・イメージ・ラボラトリー）
デザイン　加納友昭　清水孝行　lil.inc（ロータス・イメージ・ラボラトリー）

校閲　円水社

「自分《じぶん》の殻《から》」を打《う》ち破《やぶ》る
ハーバードのリーダーシップ講義《こうぎ》

2016年8月25日　初版発行

著　　者　ロバート・スティーヴン・カプラン
訳　　者　福井久美子
発 行 者　小林圭太
発 行 所　株式会社 CCCメディアハウス
〒153-8541
東京都目黒区目黒1丁目24番12号
電話　03-5436-5721（販売）
　　　03-5436-5735（編集）
http://books.cccmh.co.jp/

印刷・製本　豊国印刷株式会社

Printed in Japan
ISBN978-4-484-16108-2